POCHES PRATIQUE
ODILE JACOB

LE RÉGIME DES PÂTES

DOMINIQUE LATY
DR JEAN-BERNARD MALLET

LE RÉGIME DES PÂTES

Odile Jacob
pratique

15, rue Soufflot, 75005 Paris

www.odilejacob.fr

ISBN 2-7381-1473-3

Remerciements

Quand on commence à écrire, c'est toujours dans l'effervescence. Commencer un nouveau projet tient du miracle, celui d'avoir une idée qui plaise.

Personne n'avait encore eu l'audace de s'intéresser à ce produit en apparence si banal que sont les pâtes, pour en révéler les vertus diététiques, gastronomiques et cosmétologiques. Personne ne s'était retroussé les manches pour mettre au point des recettes qui évitent les mauvaises graisses habituellement associées aux pâtes (beurre et crème fraîche) et respectent les critères de « minceur-beauté-santé » définis avec notre éditeur, Odile Jacob, qui a eu le courage d'y croire.

Mais poursuivre dans le doute ce que l'on a entrepris dans l'assurance ne va pas sans découragement. Heureusement, on trouve toujours sur son chemin des personnes attentives. Nous devons les remercier ainsi que certains organismes qui nous ont donné des renseignements judicieux.

Merci au *Syndicat des industriels fabricants de pâtes alimentaires* qui nous a fourni des indications précieuses.

Merci à M. Miralles de *L'Épicier Gourmand* qui est intarissable sur les pâtes et honore la tradition française artisanale.

Merci à Christophe Beaufront de *L'Avant-Goût* qui, avec sa gentillesse coutumière, nous a aidés pour les vins.

Et merci à nos testeurs, patients ou complices, mis aux pâtes forcées. Surtout à Paul, Joséphine et Marc, pour leur participation enthousiaste et leur complicité mutine.

À tous, nous devons une immense reconnaissance.

Sommaire

Introduction

> « La cuisine italienne est un pouvoir supérieur à tout autre, elle est au-dessus du politique même. Elle survivra aux crises des gouvernements et des peuples. »
>
> Michel DE MONTAIGNE,
> *Journal de voyage en Italie.*

Les pâtes sont un art de vivre à part entière : savoureuses, simples à cuisiner, légères si l'on apprend à les accommoder sans beurre ni crème fraîche, et excellentes pour la santé, la peau et le moral, comme on le découvre depuis peu.

L'atout minceur des pâtes

Depuis mon adolescence, j'ai fait des régimes, toujours restrictifs. Inévitablement, ils ont échoué. Ma conduite alimentaire m'a conduit à des excès et à des déprimes, jusqu'au jour où j'ai décidé de me réconcilier avec ma culture, puisque je suis d'origine italienne, et avec mon corps. Je me suis donc mis à manger des pâtes, pour cesser d'avoir faim entre les repas, et pour mettre un terme à la succession des privations et des grignotages irrépressibles, qui faisaient de mon poids un véritable Yo-Yo.

Et, à ma grande surprise, je maigris. Définitivement. À ma plus grande surprise encore, la nourriture devint une alliée efficace de ma concentration et de mon hygiène de vie. Je poursuivis mes exercices physiques et intellectuels avec plus d'ardeur que jamais.

Je voulus comprendre le rôle des pâtes dans mon amaigrissement et je décidai d'en parler à un médecin, Jean-Bernard Mallet, afin que nous écrivions un livre qui pourrait aider d'autres personnes à faire la même expérience. Il me fallait un minimum de connivence, un maximum de collaboration. Jean-Bernard Mallet était déjà un adepte des pâtes, de par son expérience de médecin du sport. Par ailleurs, depuis de nombreuses années, sa démarche pour aider ses patients à maigrir, efficacement et durablement, l'avait convaincu de l'inanité des régimes classiques. De notre rencontre est donc né cet ouvrage.

L'atout santé et beauté des pâtes

Outre l'efficacité des pâtes dans un programme minceur, nous avons tous deux mis au jour, pas à pas, les multiples bienfaits des pâtes pour la santé ainsi que pour la beauté. Et, pour vous permettre de bénéficier, au quotidien, de ces multiples atouts, j'ai concocté pour vous, 65 recettes à base de pâtes dans lesquelles je concilie :

– l'objectif minceur,
– l'objectif santé,
– l'objectif beauté,
– l'objectif gastronomie.

En effet, dans la mesure où les pâtes sont la base idéale d'un plat complet, dans la mesure où elles se marient avec des légumes, des viandes, des poissons, des huiles, des fromages, elles permettent de composer de véritables symphonies gustatives qui sont aussi des trésors de bienfaits pour notre corps, et cela en respectant notre ligne. Qui dit mieux ?…

Les pâtes sont bonnes pour tous

Notre rôle commence donc. Il consiste à vous faire apprécier un aliment du troisième millénaire parce qu'il n'est ni génétiquement modifié ni suspecté de donner des maladies.

Nous allons vous prouver que les pâtes ne font pas grossir, qu'elles peuvent même vous faire maigrir sans vous déprimer. Les champions de la minceur ne sont-ils pas les Italiens ?

Nous vous montrerons aussi que les pâtes sont utiles aussi bien aux intellectuels qu'aux sportifs, aux insomniaques qu'aux gens stressés. Sachez également que la tolérance alimentaire varie avec l'âge. Des études ont montré que l'appétit se modifie et que l'alimentation devient moins spontanée. Elle doit être raisonnée. Les pâtes sont donc l'aliment par excellence des personnes jeunes mais aussi plus âgées. Un atout pour nous suivre sur la route de la longévité. À bonnes pâtes, bon cœur !

Il y en a pour tous les goûts

Nous vous proposons maintenant d'entrer dans la ronde des pâtes et de découvrir la pâte modeste qui sait s'accommoder de thon, tomate et basilic, la pâte gouailleuse qui aime l'ail, la pâte coquine qui s'euphorise avec des truffes, la pâte luxueuse qui lézarde avec le homard.

Pour que nos recettes plaisent à tous, et pour tenir compte des habitudes de chacun, nous les avons diversifiées : nous avons imaginé des recettes végétariennes pour ceux qui ne raffolent pas de la viande, des salades de pâtes faciles à transporter pour ceux et celles qui travaillent.

Au XIe siècle, les Français se contentaient d'un plat unique. Aujourd'hui, les études nous révèlent qu'ils reviennent à la tradition du plat complet, plus facile à préparer que les repas traditionnels qui imposent une entrée, suivie d'un plat principal avec son accompagnement. Avec les pâtes, le plat complet retrouve ses lettres de noblesse en termes de simplicité, santé et gastronomie[1].

Si nous avons choisi les pâtes, c'est aussi parce que 75 % d'entre nous aiment les pâtes : un atout de plus pour nous suivre aussi sur la route du bonheur. Car ce livre est un livre d'humeur, la mienne bien sûr, mais aussi la bonne humeur qui fait qu'on est heureux en Italie. On dit souvent que l'Italien est un Français content. Pourquoi alors ne serions-nous pas comme les gens d'Italie, toujours prêts à sourire ?

Dominique Laty

1. Notre rôle n'est pas de vous donner des adresses, la liste serait trop longue. Mais vous pouvez vous adresser à l'Institut italien pour le commerce extérieur, 140, avenue des Champs-Élysées, sans compter que certains restaurateurs français savent aussi cuisiner les pâtes.

Une nouvelle approche de la minceur

Autant l'affirmer d'emblée : je n'ai pas consacré ma vie à la médecine pour me cantonner à faire maigrir les gens. Ma formation pédiatrique, ma passion pour le sport, une curiosité sans cesse renouvelée et un éclectisme naturel m'ont spontanément poussé vers la médecine générale — un métier captivant qui me confronte tous les jours à mille difficultés mais qui m'a toujours renvoyé les satisfactions au centuple.

Pourtant, dès le début de ma carrière, je me suis intéressé à la diététique : une discipline souvent méprisée par mes confrères, mais qui me permettait de communiquer profondément, intimement même, avec mes patients.

Mais l'époque était difficile ! Après des milliers de consultations et deux livres sur le sujet, déçu par les théories contradictoires, les contrevérités martelées à l'extrême, excédé par l'américanisation des méthodes en vogue qui voulaient tout simplifier, j'ai rejeté la diététique durant des années. Étant médecin généraliste, j'avais bien d'autres combats à mener.

J'y suis revenu après avoir écrit un livre sur l'économie de santé et la prévention médicale. Par-delà les progrès médicaux, nos connaissances scientifiques nous forcent à admettre l'implication de l'alimentation dans notre état de santé. Au plus profond de la réflexion sur mon métier, j'ai pris conscience qu'il était impossible d'effectuer une bonne médecine si l'on occulte cette partie primordiale de la vie.

Mais je me suis juré de ne plus rien promettre que je ne pourrai tenir, et que je n'affirmerai plus rien sans y croire totalement. Dorénavant, j'inviterai mes patients à rejoindre ma longueur d'onde qui est le remodelage de leur corps et de leur image ; la volonté de préserver leur santé.

J'ai projeté dans cette démarche mon expérience de médecin du sport, acquise durant des années auprès de boxeurs professionnels et autres sportifs, pour lesquels la sublimation de leur corps est indispensable pour atteindre la performance.

Au travers des discussions et des consultations, j'incite mes patients à ne plus rejeter la nourriture, mais à gérer leur alimentation pour l'optimiser. Je les invite à se regarder tels qu'ils sont, à ne plus s'obséder sur leurs défauts et surtout à mettre en avant les qualités que nous allons développer. Vouloir remodeler son corps selon son propre désir, lui donner la santé, la beauté de son âge et de sa nature, retrouver le plaisir de se regarder sont des désirs parfaitement légitimes, et c'est possible à tout âge.

La rencontre avec Dominique Laty m'a tout d'abord déconcerté. Concevoir un livre sur les pâtes qui ne soit pas une simple apologie culturelle ou gastronomique me semblait difficile. Mais l'enthousiasme de Dominique et son expérience exceptionnelle ont su rapidement me convaincre. J'ai totalement adhéré à ce passionnant challenge, d'autant que les sucres lents faisaient depuis longtemps partie de mon exercice quotidien lors des consultations de diététique et de médecine du sport, et que les pâtes étaient intégrées à ma gastronomie personnelle. Nous avons donc travaillé ensemble à la réalisation de ce livre qui porte notre label commun, et qui dit toute la vérité sur les pâtes. J'ai appliqué nos théories et nos recettes sur mes patients, et je peux dire aujourd'hui que nous avons réussi.

Quel plaisir pour nous de chanter cet « hymne à la pâte » célébré depuis des siècles ! D'un seul cœur, nous allons vous faire partager notre amour pour les pâtes, en vous prouvant leur impact sur la beauté, la santé, la minceur, la gastronomie.

Les pâtes ne sont sans doute qu'une thématique dans notre vie, mais elles peuvent la rythmer.

Entrez dans notre monde, en acceptant simplement d'oublier vos préjugés. Suivez-nous, et vous serez surpris du résultat !

Jean-Bernard Mallet

PREMIÈRE PARTIE

Les pâtes, un art de vivre

CHAPITRE PREMIER

Éloge du plat complet

De la valeur d'un plat unique

En 1841, lors de la construction du chemin de fer Paris-Rouen, les ingénieurs se rendent compte que les ouvriers anglais, qui mangent des céréales et de la viande, sont plus performants que les Français nourris essentiellement avec des céréales. Ils améliorent le rendement des ouvriers français en incluant des protéines animales à leurs repas. La notion de plat complet est née !

Une tradition ancestrale

Connus depuis des siècles et dans toutes les civilisations, ces plats, qui consistent à associer judicieusement dans une même assiette tous les aliments produits localement, ont souvent permis aux populations qui ne connaissaient pas l'abondance de ne pas mourir de faim. Les adapter aujourd'hui en fonction des qualités et des défauts de nos sociétés d'abondance est certainement un des meilleurs moyens de résoudre certains problèmes nutritionnels qui se posent à l'homme du XXIe siècle.

Les plats complets centrés sur les pâtes

Comme les ouvriers français, on peut manger un plat de pâtes sans accompagnement, mais ce n'est pas leur véritable place. Les pâtes donnent toute leur valeur gastronomique et nutritive lorsqu'elles sont intégrées dans des combinaisons culinaires dont la variété et le choix judicieux permettent de les accommoder de mille et une préparations.

Les pâtes ne s'apprécient pas en centimètres mais dans la bouche. Qu'elles soient classiques ou fantaisie, destinées à un potage ou un gratin, vouées à la farce ou aux salades, ce sont des mets architecturaux dont les formes et les parfums donnent une alchimie particulière à notre palais. Elles apportent une plus-value à notre diététique, aussi bien pour notre santé, notre beauté, notre minceur que… pour notre plaisir.

Les avantages des pâtes
– Limitation de la consommation des graisses – Apport correct de fibres à l'organisme – Lutte contre le grignotage entre les repas – Association avec des protéines – Association avec des laitages – Association avec des légumes – Compatibilité avec un petit budget

Toutes nos recettes ont été conçues pour fournir les nutriments indispensables à notre corps. Les glucides lents des pâtes apportent l'énergie favorable à une vie active. Leur préparation par ébullition dans l'eau limite l'utilisation des matières grasses. Ce sont donc les véritables partenaires de votre forme et, avec quelques adaptations, vos meilleures alliées pour maigrir. La seule condition pour que les pâtes deviennent des plats minceur est de les associer à des sauces légères.

Les bonnes associations alimentaires

➤ *L'association des pâtes avec les légumes*

Depuis le XVIe siècle et l'introduction de la tomate en Méditerranée, on associe les pâtes avec un légume. Un voyage en Italie est toujours une source d'étonnement face à l'abondance des légumes sur les étals des marchés et les dessertes des restaurants. Dès la Renaissance, la salade fait partie de l'ordinaire des tables italiennes, ainsi que l'huile d'olive que Michel de Montaigne qualifie d'excellente.

Giacomo Castelvetro, né en 1546, vante dans un traité les « vertus des herbes et des racines » consommées en Italie et prescrites pour équilibrer les humeurs et éviter l'excès de bile noire ; essentiellement l'artichaut, les épinards, les asperges et le melon.

Ce qui fut un ajout de goût s'est avéré un complément indispensable à la santé, car les légumes donnent de la saveur aux pâtes. Ils permettent également de limiter l'emploi des matières grasses et d'apporter de grandes quantités de fibres alimentaires, de vitamines, de sels minéraux et d'oligo-éléments indispensables à notre bon équilibre alimentaire.

Quels légumes choisir

Tous assurément ! Mais certains légumes s'harmonisent davantage avec les pâtes. Pour plus de simplicité, nous avons sélectionné ceux que vous retrouverez dans les recettes.

Les légumes utilisés dans nos recettes	
Les légumes fruits	Aubergine, concombre, courgette, poivron rouge, potiron, tomate
Les légumes feuilles	Épinard, roquette sauvage, salade
Les légumes gousses	Pois gourmands
Les légumes pousses	Asperge
Les légumes racines	Oignon, poireau, topinambour
Les légumes tiges	Fenouil, artichaut
Les choux	Brocoli, chou chinois
Les champignons	Champignon de Paris, cèpe, girolle, morille, mousseron

➤ *L'association des pâtes avec les aliments protidiques*

Comme nous le verrons dans le chapitre sur la santé, les pâtes sont riches en protéines, mais leur qualité n'est pas optimale et il est indispensable de les associer avec des aliments dont les propriétés sont complémentaires.

Où trouver les protéines ?

Un minimum de protéines est quotidiennement nécessaire pour favoriser le renouvellement de nos tissus et de nos systèmes hormonaux ou enzymatiques, mais aussi pour éviter la fonte musculaire, l'altération de la peau ou l'asthénie. En principe, nous avons besoin de 1 à 1,5 g de protéines par kilo de poids corporel et par jour, soit 60 à 90 g pour une personne de 60 kilos. Viandes, poissons, œufs, crustacés, volailles, légumes secs sont des sources irremplaçables de protéines. Ils ont chacun des caractéristiques propres. Le tableau suivant indique ceux que nous privilégions dans nos recettes.

Aliments protidiques utilisés dans les recettes	
Viandes et volailles	**Produits de la mer**
– Autruche – Gigot d'agneau dégraissé – Filet de porc dégraissé – Cœur de rumsteck – Caille – Aiguillette de canard (sans graisse) – Cuisse de canard (sans la peau) – Lapin dégraissé – Poulet, pintade (sans la peau)	– Crabe, crevettes, coques – Coquilles Saint-Jacques – Encornets – Gambas – Langoustines – Homard – Palourdes, moules – Sardines – Thon

Pour absorber une quantité égale de protéines, vous devrez manger davantage de poisson que de volaille ou de viande. Mais vous pouvez opter pour le fromage, comme ce fut longtemps la tradition en Italie. Comme vous pourrez le constater, nous donnons une grande place aux poissons et aux fruits de mer qui font très bon ménage avec les pâtes. Toutes nos recettes respectent les principes de diététique qui conservent leurs qualités nutritionnelles : pas de friture, des cuissons rapides dans peu d'huile. Et, pour supprimer les odeurs, certains poissons, les sardines notamment, sont pochés directement dans les légumes. Faites honneur aux produits de la mer et régalez vos enfants qui les apprécieront davantage si vous les incorporez dans un plat de pâtes.

➤ *L'association des pâtes avec les produits laitiers*

Les produits laitiers sont une excellente source de protéines et surtout la meilleure source de calcium et de phosphore, indispensables au bon état de notre squelette. À ce titre, ils doivent faire partie des aliments de la femme enceinte, des enfants mais aussi des personnes âgées. Leur richesse en vitamines A, D, E et en autres éléments nutritifs est importante.

Cependant, il faut éviter les produits laitiers trop gras : yaourt grec, bulgare, au lait de brebis ou de chèvre ; les laits fermentés qui entrent dans la confection du *cottage cheese* ou du Fjord, la crème fraîche entière. Préférez les yaourts nature riches en vitamine du groupe B, et pauvres en graisses comme le montre le tableau suivant.

Composition des yaourts (pour 100 g)				
	Yaourt ordinaire	**Yaourt à 0 %**	**Yaourt au lait entier**	**Yaourt aux fruits**
Protéines	4 g	4,2 g	3,5 g	3,8 g
Glucides	5,5 g	5,5 g	5,5 g	15 g
Lipides	1,5 g	Traces	3,5 g	1,6 g
Valeur calorique	50 g	40 g	70 g	90 g

La différence entre yaourts nature et écrémés est minime. En revanche, fuyez les yaourts sucrés industriellement. Et, si vous aimez le fromage, choisissez les nombreuses recettes qui comportent des produits laitiers comme les *cannelloni d'asperge à la brousse* (voir p. 216) ou le *gratin de bucatini aux trois fromages tomatés* (voir p. 220).

Le fromage le plus riche en calcium est le parmesan. C'est sans doute la raison de sa présence depuis toujours sur les tables italiennes. De plus, il apporte de la vitamine A à l'organisme qui aide à lutter contre les agressions (pollution, stress, etc.).

➤ *L'association des pâtes avec des agrumes : du calcium aussi*

Si votre cholestérol ne vous permet pas de manger du fromage classique, optez pour d'autres aliments bien pourvus en calcium : yaourt, tofu (fromage de soja), persil, épinard, poireau, brocoli, artichaut, crabe. Vous retrouvez tous ces éléments dans nos recettes : *soupe de ditali au canard et tofu, tagliatelle aux encornets et artichauts, lumaconi aux émincés de poulet et poireaux.* Certains fruits sont également riches en calcium. C'est le cas des agrumes dont nous utilisons les jus dans nos recettes comme les *pappardelle de pintade aux cèpes*. Même si l'assimilation est moins bonne, une belle orange fournit presque autant de calcium qu'un yaourt.

De l'utilité des soupes

Cuit en « pot », le potage se compose d'un élément liquide, l'eau, et d'un élément solide, le grain. En France, le grain est représenté par le pain, c'est la soupe traditionnelle qui correspond à la *zuppe* en Italie. Si le pain est remplacé par des pâtes, la soupe devient le minestrone ; si les pâtes sont servies à part, on parle de soupe sèche : c'est la *minestra asciutta*.

Leurs avantages

D'après l'enquête du CREDOC, la soupe vient toujours au premier rang des plats « maison ». Aujourd'hui, le bouillon redevient à la mode, si bien que des bars à soupe ouvrent leurs portes pour les amateurs qui apprécient ses nombreux avantages.

À condition d'être servies avec des légumes et des pâtes, les soupes présentent des avantages, notamment celui de pouvoir être préparées à l'avance (voir *bouillon d'agneau au paprika*, p. 170). Il suffit d'ajouter les pâtes au moment du repas et d'y inclure des aliments protidiques pour en faire un plat complet. Et surtout de ne jamais mixer les légumes.

– La soupe permet de garder la ligne. C'est un plat léger qui remplit l'estomac et évite de manger des graisses.
– Elle freine les altérations tissulaires du vieillissement car elle apporte une grande quantité de vitamines, caroténoïdes et sels minéraux qui sont des antioxydants naturels.
– Elle maintient en forme, apporte du calcium si l'on ajoute du lait, favorise l'élimination de toxines, l'hydratation et le drainage.
– Elle évite les ballonnements, car les fibres des légumes cuits se digèrent mieux.

Avant et après un plat de pâtes

Les notions de plat complet ou de plat unique ne signifient pas nécessairement de limiter son repas à celui-ci. Les traditions italienne et française imposent souvent une entrée et un dessert. Quels sont les meilleurs choix ?

➤ *Avant les pâtes : de la salade avant tout*

Pour commencer un repas, l'idéal est de manger des fibres pour calmer la faim et ralentir le passage des sucres dans le sang. C'est d'ailleurs une coutume en Italie.

Une salade de roquette sauvage au parmesan est tout indiquée avant un plat de pâtes, mais vous pouvez opter pour une salade composée de brocolis, champignons, choux de Bruxelles, chou-fleur, tomates, haricots verts ou pour des asperges à la belle saison. Le tableau suivant vous donne la proportion de fibres de chaque produit cité.

Teneur en fibres des légumes (pour 100 g)	
Artichaut cuit	9,4 g
Choux de Bruxelles crus, Champignons	5,0 g
Brocolis crus	3,3 g
Chou-fleur	2,6 g
Épinards	2,2 g
Haricots verts cuits	3,0 g
Asperges cuites	2,4 g
Courgette	1,0 g
Tomates	0,8 g

Chaque aliment a une densité calorique qui lui est propre. Les légumes ont une densité calorique basse, car ils prennent du volume dans l'estomac mais nourrissent peu. Les pâtes ont une densité calorique moyenne, elles prennent moins de place dans l'estomac mais leur combustion demande davantage de temps. L'association de ces deux catégories d'aliments permet d'équilibrer la balance alimentaire sans danger pour la ligne.

La conservation des vitamines et sels minéraux des légumes est meilleure s'ils sont peu cuits, car la cuisson altère la qualité des nutriments. Si la cuisson est conduite à l'eau, les vitamines et les sels minéraux se diluent en partie dans le bouillon ; si les légumes sont sautés, leurs nutriments sont en partie détériorés par la chaleur. L'idéal est de consommer les légumes croquants car ils gardent leur saveur et leur couleur. Le fait de les mastiquer plus longtemps provoque une meilleure sensation de satiété.

➤ *Après un plat de pâtes : un fruit par-dessus tout*

En général, un plat de pâtes rassasie bien et on a moins envie d'un dessert car l'absorption de glucides complexes permet de limiter celle des sucres rapides. C'est la conduite à tenir quand on veut rester mince, surtout si l'on ne fait pas de sport.

Les fruits sont une source de vitamines, de sels minéraux et de fibres mais il faut choisir parmi les moins riches en fructose tels la pomme, la poire, le pamplemousse, le kiwi ou l'ananas. De toute façon, vous devez limiter la consommation de fruit à une ration normale soit :

- 1 pomme,
- ou 1 poire,
- ou 1/2 pamplemousse,
- ou 2 kiwis,
- ou 2 tranches d'ananas.

Par l'action de ses fibres, la pomme permet une meilleure assimilation des lipides. Par celle de la broméline, l'ananas aide à digérer les protéines. De plus, l'ananas apporte des fibres, de la vitamine C et du potassium. Il est l'allié par excellence de la minceur comme la figue fraîche, la pomme, la poire. Ces fruits sont moins caloriques que la cerise, la grenade, la mangue, la mirabelle, le raisin ou la banane.

La vitamine C, présente dans les kiwis et les agrumes, donne un coup de fouet supplémentaire. Si vous vous sentez fatigué, optez pour les fruits qui en sont gorgés (voir tableau p. 121).

L'orange est riche en bêta-carotène qui est un puissant antioxydant car il se transforme en vitamine A dans l'organisme et protège la peau des agressions à la fois extérieures et intérieures. D'ailleurs, ce n'est pas un hasard si les crèmes de beauté à la vitamine C ont la couleur de l'orange. Comme le citron est antimicrobien, nous en ajoutons souvent un jus à nos recettes pour aciduler les pâtes et vous donner un coup de fouet.

Et ne vous privez pas des associations sucré-salé qui sont particulièrement appréciées sur le plan gastronomique. Régalez-vous des *spaghettoni au poulet épicé et aux kiwis*, p. 292.

CHAPITRE 2

Côté santé

Garder tout au long de notre vie une alimentation équilibrée est la façon la plus simple et la plus efficace de veiller sur notre santé.

Les conséquences d'une mauvaise alimentation sont multiples et trouvent tous les jours de nouvelles bases scientifiques : implications dans les cancers (du côlon, du sein, de l'utérus, du foie…), complications de l'obésité et du surpoids, dont on considère qu'elles sont directement responsables de près de 50 000 décès chaque année et de 5 % à 10 % des dépenses de Sécurité sociale, maladies plus ponctuelles comme le diabète, le cholestérol, l'acide urique, pour lesquelles les kilos en trop sont des facteurs aggravants.

Aux États-Unis, le coût de l'obésité est estimé à 70 milliards de dollars par an.

Les pâtes et la glycémie

Nous ingurgitons tous les jours environ 350 g de glucides qui représentent dans l'idéal 55 % des apports caloriques. Mais ils ont beaucoup souffert de la confusion faite avec le sucre. En fait, il suffit de suivre un raisonnement simple : tous les aliments d'origine végétale apportent essentiellement des glucides. Les pâtes, qui en contiennent environ 75 %, sont donc susceptibles de fournir une grande partie de l'énergie dont l'organisme a besoin tout au long de la journée.

➤ *La régulation de la glycémie*

Après leur absorption, le glucose issu de la transformation des glucides passe dans le sang afin d'être transporté jusqu'aux cellules. Cette phase est sous la dépendance d'une hormone pancréatique : l'insuline, dont le taux doit s'adapter instantanément et précisément aux apports et aux dépenses.

La glycémie, qui définit le taux de glucose dans le sang, est un des principaux paramètres qui règlent notre vie. L'hypoglycémie survient lorsqu'elle baisse, entraînant un manque d'énergie et une faiblesse plus ou moins importants. À l'inverse, l'hyperglycémie caractérise une des maladies les plus fréquentes au monde : le diabète ; une des plus graves aussi, responsable de complications artérielles redoutables.

La nécessité d'apports réguliers

Le besoin le plus urgent de l'organisme est donc de disposer en permanence de ce précieux carburant. Mais l'alimentation intermittente pose deux problèmes :

- Comment mobiliser à chaque instant l'énergie dont l'organisme a besoin ?
- Comment concilier des apports irréguliers avec des dépenses précises et consommer directement l'énergie sans la mettre en réserve ?

Cet équilibre est d'autant plus difficile à atteindre que tous les glucides ne sont pas identiques.

➤ *L'index glycémique des aliments*

On classe les glucides en mesurant leur impact sur la glycémie après une ingestion de 50 g de l'aliment testé. Ceux dont l'index glycémique est haut sont les glucides rapides de structure simple, les index bas représentent les glucides lents de structure complexe (voir le tableau page suivante).

Les pâtes ont un index glycémique parfait pour l'absorption et la digestion

L'index glycémique semble parfois illogique. Il dépend en effet du sucre présent dans l'aliment (le fructose des fruits est un sucre lent qui se transforme en sucre rapide quand le fruit mûrit), mais aussi de paramètres tels que la cuisson.

- Les pommes de terre au four donnent des glucides d'absorption plus rapide que les pommes de terre à l'eau.
- Les pâtes *al dente* ont un index qui oscille entre 40 et 50 selon la durée de la cuisson (la cuisson prolongée augmente leur index).

Mais l'index glycémique dépend également de tout ce que contient le bol alimentaire. Si vous mangez un glucide, même rapide, avec des graisses et des protéines, son absorption sera ralentie. C'est pourquoi, l'index des pâtes aux œufs est plus bas, aux alentours de 32.

Même si elles n'ont pas l'index glycémique le plus faible, les pâtes, qui contiennent essentiellement de l'amidon, sont toujours classées dans les sucres lents car leur préparation est constante et codifiée. Et il ne faut pas oublier que plus l'index glycémique est bas, plus le glucide est indigeste, ce qui est le cas des légumes secs. La digestibilité des pâtes, en revanche, étant parfaite, c'est cette double qualité qui leur vaut d'être l'aliment favori des sportifs.

Index glycémique des aliments

Aliments	Index glycémique	Sucres rapides
Glucose (sucre, sodas)	100	
Baguette	95	
Pommes de terre au four, corn-flakes	85	
Gaufre	76	
Miel	75	
Frites	75	
Carottes	71	
Biscottes, pain d'épices	70	
Ananas, pastèque	66	
Semoule, couscous, betteraves	65	
Céréales, croissant, petit-beurre, pâtisseries	60 à 65	
Pommes de terre bouillies	62	
Pizza, riz blanc	60	
Crème glacée	50 à 60	
Maïs, chips, pop-corn	55	
Banane, mangue, kiwi	53	
Petits pois, haricots blancs en conserve	50	
Chocolat	50	
Jus d'orange	46	
Pain au son	44	
Orange	44	
Raisin	43	
Pâtes	**40 à 50**	
Pomme, poire	38	
Pois chiches	33	
Pâtes aux œufs	32	
Lait, yaourt	30	
Lentilles, haricots secs	30	
Pamplemousse, pêche, abricot	25 à 30	
Fructose (sucre des fruits)	23	
Cerise	22	
Soja, cacahuètes	14 à 18	Sucres lents

➤ *La distinction entre les sucres rapides et les sucres lents*

Elle est fondamentale pour comprendre les conséquences de leurs effets sur notre organisme et les avantages des pâtes pour notre digestion.

Les effets des sucres en fonction de leur index		
	Sucres rapides	**Sucres lents**
Structure chimique	Simple	Complexe
Index glycémique	Haut	Bas
Absorption par l'organisme	Directe et rapide, presque instantanée	Lente, après attaque des sucs digestifs qui les transforment en sucres simples
Effets sur la glycémie	Augmentation rapide	Augmentation plus lente
Effet sur la sécrétion d'insuline	Importante	Adaptée et modulée dans le temps
Hypoglycémie secondaire	OUI	NON
Proportion recommandée	10 % de l'apport calorique	45 % des apports

Les sucres rapides : une énergie efficace mais éphémère ; des kilos en prime

Les sucres rapides (miel, confiture, bonbons, boissons sucrées…) passent précocement et massivement dans le sang. Le plaisir est immédiat, la vigueur vite retrouvée, la satiété rapide. Mais leur effet est de courte durée car ils entraînent une forte sécrétion d'insuline qui les rend immédiatement disponibles pour être utilisés à des fins énergétiques. Si l'organisme ne les consomme pas aussitôt, notamment par un effort physique, l'insuline favorise la transformation de ces excès instantanés de glucose en graisses et leur stockage dans nos tissus. Chaque repas en excès provoque de minuscules prises de poids qui, à force de se répéter, font accumuler les kilos.

Mais, plus grave, la forte sécrétion d'insuline fait rapidement baisser la glycémie et déclenche des sensations physiques et psychologiques désagréables qui incitent à absorber à nouveau des sucres rapides pour retrouver bien-être et apaisement. C'est le cycle infernal des kilos en trop, des régimes draconiens pour les perdre, des baisses de tonus, de la fatigue, de la déprime.

Les sucres lents des pâtes :
une énergie modulée dans le temps

Les pâtes n'ont pas les effets pervers des glucides rapides, car leurs sucres lents sont digérés progressivement. Absorbés graduellement, ils n'entraînent pas de forte sécrétion insulinique ni d'hypoglycémie secondaire. Le plaisir induit est durable et l'effet sur la satiété de longue durée. Le temps de vidange gastrique de la moitié du bol alimentaire, que les scientifiques appellent TGV, est long (97 minutes contre 71 pour la purée de pommes de terre). Après un plat de pâtes, l'estomac met tranquillement quatre à cinq heures pour se vidanger ; le glucose est distribué au compte-gouttes dans l'organisme et consommé au fur et à mesure des besoins, permettant d'attendre le repas suivant. Avec les sucres lents, il n'y a pas de véritable risque de stockage, pas de prise de poids. Excepté pour les gros mangeurs, qui les mélangent avec d'autres glucides ou trop de graisses.

Les pâtes et la construction cellulaire des protéines

La faim dans le monde dépend beaucoup plus de la mauvaise qualité des protéines que du manque d'aliments. Pourtant, les céréales et en particulier les pâtes sont riches en protéines, car elles en contiennent 13 % ou 14 %, et ce sont les aliments les plus consommés sur la planète. Mais la qualité des protéines végétales n'est pas optimale et il faut les associer judicieusement avec d'autres aliments. C'est ce que nous allons étudier dans ce chapitre afin de comprendre les combinaisons alimentaires de nos recettes.

➤ *La structure des protéines*

Les protéines sont d'une grande complexité, et elles sont à la base de toutes les formes de la vie terrestre. Mais, malgré leur extrême diversité, tous les êtres vivants, animaux ou végétaux, marins ou terrestres, ne sont composés que de vingt lettres, vingt acides aminés, dont certains sont dits « essentiels » car ils ne peuvent être synthétisés par l'organisme et doivent obligatoirement être apportés par l'alimentation. Si l'un vient à manquer, toute la chaîne de synthèse des protéines est bloquée et la dénutrition s'installe. C'est ce que l'on nomme le « facteur limitant » qui impose des associations alimentaires précises.

La notion des « facteurs limitants »

Deux réactions chimiques sont essentielles pour la synthèse des acides aminés : la formation de la chaîne hydrocarbonée qui représente le squelette, et la transamination qui

Composition des aliments en acides aminés essentiels									
	Histidine	**Isoleucine**	**Leucine**	**Lysine**	**Méthionine + Cystéine**	**Phénylalanine + Tyrosine**	**Thréonine**	**Tryptophane**	**Valine**
Profil Type	**19**	**28**	**66**	**58**	**25**	**63**	**34**	**11**	**35**
Lait de vache	29	65	109	83	35	107	48	15	72
Œuf de poule	26	72	98	70	59	108	55	18	87
Viande de bœuf	39	58	91	108	44	92	54	13	62
Poulet	30	64	89	102	47	84	51	14	59
Poisson	29	54	95	109	58	82	60	12	63
Grain de blé	23	45	77	**32**	43	90	37	13	53
Farine blanche, pâtes	22	43	80	**23**	41	89	**32**	12	49
Riz	26	47	95	**42**	36	103	46	12	69
Seigle	22	43	76	**45**	38	97	40	13	60
Maïs	30	50	143	**34**	38	99	46	9	60
Soja	25	53	84	**56**	35	95	44	13	52
Haricot sec	33	70	106	88	**23**	112	54	**11**	76
Pois sec	34	82	102	93	35	113	67	15	79
Lentille	30	86	90	80	**20**	95	47	**10**	59
Pois chiche	27	57	74	69	**24**	82	35	**8**	49
Pomme de terre	20	52	70	65	**25**	90	45	15	65
Arachide	28	49	80	**43**	29	108	**34**	13	57
Tournesol	28	61	76	**40**	**19**	85	39	14	56
Noix	26	47	79	**31**	33	90	37	12	53
Amande	21	47	78	**31**	34	95	**33**	**9**	60
Noisette	23	64	74	**32**	27	82	**33**	18	73

D'après Souci-Fachman et Kraut (1994) *in* E. Vierling, *Biochimie des aliments*, Paris, Doin, 1997.

aboutit à la fixation de la fonction azote caractéristique des protéines.

• Pour deux acides aminés, lysine et thréonine, on remarque une impossibilité de synthèse de leur squelette, mais aussi une impossibilité de transamination.

• Pour sept acides aminés, la transamination est possible, mais pas la synthèse du squelette hydrocarboné. Ce sont la valine, l'isoleucine, la leucine, l'histidine, le tryptophane, la méthionine et la phénylalanine.

• Deux autres acides aminés sont eux aussi essentiels car, s'ils ne sont pas apportés par l'alimentation, leur synthèse dans l'organisme ne peut se faire qu'à partir de deux acides aminés essentiels : la méthionine pour la cystéine et la phénylalanine pour la tyrosine. C'est la raison pour laquelle ils sont couplés dans le tableau ci-dessus.

La première ligne appelée « profil type » indique la teneur en dessous de laquelle on considère que l'aliment est défaillant pour cet acide aminé essentiel. Les aliments qui ont des facteurs limitants (en gras dans le tableau) ont donc une valeur biologique insuffisante qui impose de les associer avec d'autres aliments complémentaires.

Les facteurs limitants des pâtes

Comme vous pouvez le constater, les céréales et les pâtes ont comme facteur limitant la lysine et sont riches en méthionine. À l'inverse, les légumes secs qui ont une grande teneur en protéines, approchant les 23 %, manquent de méthionine et sont riches en lysine. Ce sont donc des aliments parfaitement complémentaires qui justifient scientifiquement l'association traditionnelle italienne des pâtes et des haricots.

Les bonnes associations alimentaires

Elles sont ancestrales et parfaitement logiques ; totalement respectées et mises en valeur dans toutes nos recettes :

- Soit par le croisement de végétaux qui ont des facteurs limitants complémentaires comme dans les pays du Maghreb qui mélangent le couscous et les pois chiches, l'Amérique du Sud qui unit le maïs et les haricots ou l'Italie qui ajoute des légumes secs dans les pâtes.
- Soit par l'apport des laitages et c'est sans doute la raison du traditionnel parmesan râpé sur les tables italiennes.
- Soit encore par l'ajout des produits carnés ou marins.

Les végétariens peuvent donc parfaitement équilibrer leur ration de protéines en associant les pâtes avec des légumes secs (haricots ou lentilles), des fruits secs oléagineux ou des œufs (voir « Côté minceur », p. 55).

Un espoir avec les OGM (organismes génétiquement modifiés)

Les populations les plus déshéritées sont de tradition agricole et elles ne peuvent cultiver aucun végétal susceptible de leur offrir tous les acides aminés. La viande, le poisson ou le lait font souvent cruellement défaut. Dans la mesure où l'on parviendrait à les domestiquer, l'un des grands intérêts des OGM serait de créer un « supermaïs » ou un « superblé » ne contenant aucun facteur limitant et qui pourrait être cultivé partout. C'est sans doute un rêve qui permettrait de vaincre la faim dans le monde en mettant à la portée de chacun des protéines d'excellente valeur. Il faudrait cependant réfréner la boulimie des sociétés chimiques hégémoniques qui veulent breveter les organismes vivants. On a presque réussi à échapper aux brevets sur le patrimoine génétique humain. Il serait heureux, comme le préconisent les scientifiques français de l'INRA (Institut national de la recherche agronomique), qu'il en soit de même pour tout ce qui vit et a un patrimoine génétique sur notre planète.

Les pâtes et le diabète

➤ *Le syndrome Elvis Presley*

Le chanteur Elvis Presley devient obèse par goût du sucre. La fortune et le succès le conduisent à des excès irraisonnés. Il se met à manger des sucreries qui, sans doute, apaisent ses angoisses. William Dufty sait ce dont il parle lorsqu'en 1923 il décrit dans sa chanson, *Sugar blues,* sa descente aux enfers pour changer radicalement son comportement alimentaire.

Nous sommes aux États-Unis dans les années 1920. L'alcool est prohibé et les Américains compensent par la consommation abusive de sucres rapides : c'est la flambée du diabète. Les médecins trouvent la parade avec la découverte des injections d'insuline. Les diabétiques perdent leur âme et leur santé avec le sucre mais, puisqu'ils ont l'insulinothérapie à leur disposition, ils ne se restreignent pas.

Pour William Dufty, le sucre est un poison insidieux qui s'insinue dans notre vie. Accro aux sucreries, devenu obèse, il rencontre Gloria Swanson, la star des années 1920. Elle tente de le convaincre de mettre un frein à cette conduite irraisonnée qui le détruit irrémédiablement. Il finit par l'admettre et accepter de se libérer de cet asservissement. Souffrant mille morts, manquant d'y laisser son âme, il tient bon et perd trente kilos. En quelques mois, il retrouve la forme et la ligne en mangeant des céréales, principalement du riz. Il mettra cinquante ans pour pouvoir en parler avec détachement et raconter son calvaire dans le livre *Sugar blues* publié en France en 1975.

Ce qui était vrai il y a quelques années aux États-Unis, l'est aujourd'hui chez nous : le monde n'est plus qu'un gigantesque supermarché. Le sucre est-il en train de nous tuer doucement ? Le constat de Jean-Marie Bourre est sans appel : « Les maladies dites de civilisation, pathologies cardio-vasculaires, cancer, hypertension, diabète et obésité, sont apparues récemment chez nous. Elles explosent littéralement chez les populations actuelles de chasseurs-cueilleurs qui sont soumises depuis peu à notre "régime" (au sens politique de carcéral) alimentaire : dans certaines îles du Pacifique, l'obésité est endémique et le diabète touche 40 % de la population, il était inexistant il y a quelques décennies[1] ! »

➤ *Cent millions de diabétiques dans le monde*

Le diabète est une maladie qui affecte le métabolisme du glucose et fait monter la glycémie dont le taux normal à jeun est aux alentours de 1 g par litre de sang. L'insuline ne remplit plus son rôle et, en raison de cette insulino-résistance, le glucose pénètre difficilement dans les cellules pour y être utilisé. Il s'accumule, et lorsque la glycémie dépasse 1,6 g, le glucose devient une véritable rouille pour les artères. Il est alors éliminé dans les urines, mais cela ne suffit pas. La glycémie monte de façon permanente et, au-delà de 3 g, le risque de coma est majeur.

• Le diabète juvénile affecte les personnes jeunes. Il est la conséquence d'une déficience irréversible du pancréas imposant des injections quotidiennes d'insuline.

1. J.-M. Bourre, *Les Aliments de l'intelligence et du plaisir*, Paris, Odile Jacob, 2001, p. 35.

• Dans le diabète gras, chez des personnes obèses, ou dans le diabète de la maturité, dû à l'âge, la sécrétion d'insuline est défaillante, parfois trop forte mais de mauvaise qualité, plus souvent trop faible. Ici encore, elle est impuissante à faire pénétrer le glucose dans les cellules, le diabète s'installe, imposant un traitement médicamenteux.

On considère qu'il y a deux millions de diabétiques en France et plus de cent millions dans le monde qui risquent des complications dramatiques : insuffisance rénale, artérites, déficiences visuelles et cérébrales.

Il existe une prédisposition héréditaire manifeste et il serait judicieux que chacun se renseigne sur son potentiel diabétique et fasse les analyses appropriées afin d'adopter un comportement préventif.

➤ *Les pâtes dans le traitement du diabète*

Personne ne peut se passer de glucides, même pas les diabétiques. Le traitement repose avant tout sur les médicaments : injections d'insuline pour les diabètes graves, comprimés pour les autres, mais la diététique reste primordiale. Un diabétique doit :

• contrôler son poids : il est indispensable d'être mince et de le rester ; ce qui est parfois difficile car l'insulinorésistance entrave la formation des réserves de glycogène (voir p. 98) et favorise l'obésité ; le régime « pâtes et minceur » est parfaitement adapté ;

• sans s'astreindre à la frugalité, éviter de trop manger ;

• contrôler et limiter sa consommation de glucides. Si on considère que l'équilibre alimentaire d'un individu normal apporte 55 % de glucides (lents + rapides), le diabétique ne devrait pas dépasser 45 % ;

• fractionner ses apports de glucides : le diabétique doit favoriser la consommation de quantités modérées réparties dans la journée et éviter les gros repas et les grandes quantités de sucres ; nos recettes sont hautement recommandées ;
• supprimer au maximum les sucres rapides à index glycémique haut. Comme le montrent les études, les Français consomment trop de graisses, pas vraiment trop de glucides, mais la proportion de sucres rapides est trop forte. Il ne faut pas dépasser 10 % ;
• favoriser la consommation de sucres lents qui doivent représenter au moins 35 % à 40 % des apports alimentaires. Dans la mesure où les pâtes ont un index glycémique bas, on doit les recommander aux diabétiques, car elles évitent les périlleuses montées d'hyperglycémie. Quand on mange des pâtes, on contrôle son alimentation, on fait de vrais repas et on évite les sucres rapides. Elles rassasient bien, diminuent la vitesse d'absorption du sucre dans le sang et favorisent l'impact du traitement sur la maladie ;
• s'astreindre à une activité physique régulière qui permet de consommer naturellement et immédiatement une partie des glucides ingérés.

Les pâtes, le cholestérol et les maladies cardio-vasculaires

Parallèlement à l'augmentation des maladies cardio-vasculaires dans nos sociétés, on a assisté à une diminution de la consommation des sucres lents et à une augmentation de celle des graisses. Mais les Français semblent de plus en plus attirés par les pâtes qui pourraient bien représenter une des solutions d'avenir pour la prévention des maladies.

➤ *Le bon et le mauvais cholestérol*

À force de le combattre, on pourrait croire que le cholestérol est une substance parasite et nocive. Bien au contraire, c'est un composant cellulaire essentiel qui intervient activement dans de nombreuses fonctions, sexuelles, digestives, neurologiques… Son taux augmente, et ce n'est pas un hasard, chez la femme enceinte qui a besoin de tous les nutriments essentiels pour construire son bébé.

En fait, une grande partie du cholestérol sanguin est directement fabriquée par notre organisme lors de la dégradation des cellules, notamment nerveuses, et de certaines hormones. Le reste est apporté par l'alimentation d'origine animale, principalement les œufs, les fromages, les graisses des viandes et des laitages.

Pour parvenir aux cellules, le cholestérol se fixe sur des transporteurs spécifiques, des sortes d'autobus qui vont prendre des directions différentes.

• Les unes, dont la densité est élevée, assurent le transport du cholestérol vers le foie où il va être réutilisé dans les synthèses cellulaires. Ces lipoprotéines HDL (*high density lipoproteins)* permettent ainsi d'éliminer les graisses de l'organisme : c'est le « bon cholestérol » qu'il faut privilégier.

• Les autres, dont la densité est moindre, transportent le cholestérol vers les artères. En cas d'excès, ces lipoprotéines LDL (*low density lipoproteins)* se déposent sur les parois vasculaires : c'est le « mauvais cholestérol » pourvoyeur d'athérosclérose.

➤ *Le traitement des hypercholestérolémies*

Ces dernières années, des médicaments d'une efficacité exceptionnelle ont fait reculer l'importance du régime dans la prise en charge des hypercholestérolémies. Cependant, les traitements ne doivent pas prendre la place de notre raison et se substituer à notre responsabilité diététique, d'autant que des scientifiques comme Serge Renaud, ont apporté des preuves incontestables de l'impact de l'alimentation sur les maladies cardio-vasculaires.

Les personnes présentant un excès de triglycérides doivent limiter leur consommation de glucides, notamment les sucres rapides, et éviter les excès d'alcool.

Les pâtes et la limitation des graisses

Cuites à l'eau, s'accommodant parfaitement de sauces maigres, les pâtes permettent de limiter la consommation de matières grasses dangereuses pour la santé, à condition d'éviter les viandes persillées ou grasses (échine de porc, steak haché à plus de 5 % de matières grasses), les volailles grasses (poule, oie, cannette), les poissons salés et les charcuteries. Il faut donc varier ses menus en choisissant parmi les recettes proposées.

➤ *Les pâtes et nos recettes au service du régime crétois*

Un excès de la mauvaise fraction du cholestérol sanguin conduit à l'athérosclérose, avec son cortège de maladies cardio-vasculaires et d'infarctus. Mais le paradoxe crétois étonne le monde, en raison de la rareté des maladies coronariennes ! Or les pâtes sont consommées régulièrement en Crète, et elles permettent de contourner plusieurs problèmes menant tout droit aux affections cardiaques.

Les recettes traditionnelles italiennes pèchent souvent par un excès de matières grasses : ajout de crème fraîche, abus de charcuterie comme les lardons, utilisation de fromage très gras comme le *mascarpone*. C'est la raison pour laquelle nous avons adapté nos recettes au régime crétois en accordant les trois premières places aux huiles d'olive ou de noix, aux légumes et au poisson et en éliminant les ingrédients porteurs de graisses saturées.

Dans la mesure où nos recettes utilisent l'huile d'olive (il s'agit d'huile d'olive vierge extra et de première pression à froid) riche en acides gras mono-insaturés qui réduisent le mauvais cholestérol et, pour les salades, l'huile de noix qui élève le bon cholestérol, elles sont parfaitement recommandées lors d'un régime anticholestérol, d'autant qu'elles contiennent, pour la plupart, de l'ail et de l'oignon dont les flavonoïdes sont protecteurs.

Si vous n'aimez pas le goût de l'huile d'olive ou si l'huile de noix vous incommode, optez pour une huile équilibrée, comme l'huile végétale Isio 4 qui est un mélange d'huile de tournesol, de pépins de raisin, de colza et d'oléisol (tournesol riche en acide gras oléique, celui de l'huile d'olive précisément). Elle convient aussi bien aux fritures qu'aux assaisonnements, mais elle est neutre de goût.

Et, comme en Crète, privilégiez les poissons gras (saumon, thon, sardine) riches en acides gras essentiels au détriment des poissons maigres et des fromages en général. Les *lasagne aux sardines* sont les alliés de votre santé.

D'autre part, les vitamines B6 et B9 (acide folique), présentes dans les céréales et les pâtes, font chuter le taux d'un acide aminé, l'homocystéine, qui, lorsqu'il est en excès dans le sang, augmente les risques d'athérosclérose.

Les pâtes et la croissance

➤ *Des pâtes pour la femme enceinte et le fœtus*

Une femme enceinte dépense quelques calories en plus. On estime les besoins supplémentaires à 100 calories le premier trimestre, 200 le second et 300 à la fin de la grossesse.

Ce n'est pas une raison pour manger n'importe quoi et doubler ses apports alimentaires. Au contraire, la femme enceinte doit soigner son alimentation, en fonction des principes généraux de la nutrition et non de ses propres habitudes ou de ses envies.

Le bébé est vorace et, comme elle ne veut rien lui refuser, il prendra sur le corps de sa mère tout ce dont il a besoin. S'il veut du calcium, il peut en trouver plusieurs kilos sur les os. S'il a besoin de fer, il va l'anémier, et s'il veut des acides aminés, les muscles et la peau de celle qui le porte vont les lui donner.

Les besoins nutritifs de la femme enceinte sont augmentés, mais c'est la qualité qu'il faut privilégier, car, si des nutriments viennent à manquer, c'est le corps de la maman qui va en pâtir profondément. Pas étonnant alors que tant de femmes se plaignent de la destruction de leur esthétique après leur grossesse.

Et, pour éloigner les kilos si difficiles à perdre, pour éviter les envies portant le plus souvent sur le sucré, rien de tel qu'un plat de pâtes qui rassasie au déjeuner, évite les troubles digestifs et permet à la femme enceinte de ne pas grignoter.

➤ *Des pâtes pour nos enfants*

Les enfants aussi sont omnivores, et leurs goûts les portent instinctivement vers deux aliments. Les pâtes et les frites. Deux féculents, comme par hasard, deux sucres lents ! Bien entendu, les frites sont trop grasses, et ils aiment les pâtes en sauce. Mais les enfants bougent, ils ont besoin d'énergie et apprécient ce qui est flatteur au palais.

Pour le reste, ils n'ont pas de goût bien établi, si ce n'est pour les laitages, cet aliment parfait pour construire et fortifier leur corps depuis le premier jour de vie. Mais, si vous les observez sur le long terme, vous constaterez qu'ils apprécient les poissons à certaines périodes, la volaille à d'autres, parfois la viande rouge. Ils préfèrent en général les fruits aux légumes, mais bon an mal an, ils finissent par manger de tout.

C'est parfois énervant ces enfants qui aimaient un aliment et soudain n'en veulent plus. Mais il faut l'accepter. Ils suivent leur instinct et c'est ainsi qu'ils arrivent à acquérir tous les nutriments. Instinct ne doit cependant pas être confondu avec envie ! À nous de leur faire découvrir la gastronomie de l'équilibre.

Lorsque l'enfant paraît

Lorsque l'enfant paraît, c'est encore un bébé. Mais, rapidement, le nouveau-né grandit à un rythme qui émerveille. La prise de poids est en rapport avec l'absorption de nourriture. La vigilance maternelle doit apporter à l'enfant tout ce dont il a besoin. Malheureusement, la quantité prime trop souvent, les sucres rapides dépassent les glucides lents, les apports quotidiens peuvent varier de 1 300 calories à près de 5 000. La multiplication des « gadgets » alimentaires, type cacahuètes salées ou chips, est un danger pour la forme et la ligne de nos enfants, avec en permanence le risque d'obésité, même en France.

Au lieu de laisser vos enfants se jeter sur les sodas bourrés de sucre et se goinfrer de pâte chocolatée riche en graisses, il faut impérativement leur donner une nourriture qui les réconforte sans les faire grossir. Les pâtes sont l'aliment d'excellence, pour les plus jeunes comme pour les grands. Vous découvrirez tout au long de ce livre leurs nombreux atouts : distribution lente du sucre dans l'organisme, diminution des graisses saturées, etc.

Les pâtes peuvent être introduites dans l'alimentation du nourrisson à partir de huit mois. Il faut alors choisir les petites pâtes, comme les vermicelles qui sont faciles à absorber. Plus tard, on introduit les alphabets qui amusent l'enfant quand il commence à écrire, sans oublier d'adjoindre du poisson, de la viande ou des légumes au plat de résistance. Nos recettes sont réalisées en un tour de main. Faites plaisir à vos enfants en les adaptant à leurs goûts, ils vous en sauront gré et en tireront le plus grand profit pour leur santé.

Des pâtes pour grandir

Des études scientifiques sont en train de prouver que le flair des enfants ne les trompe pas. Par leurs effets sur la sécrétion d'insuline, sur les hormones thyroïdiennes si importantes pour régler nos métabolismes, par leur action stimulante sur la sécrétion de l'hormone de croissance, leur rôle énergétique permettant la fixation des acides aminés sur les tissus, de plus en plus de preuves indiquent que les glucides alimentaires stimulent l'anabolisme (construction) des protéines, et de ce fait, la croissance.

Nul ne pourra nier les avantages nutritifs des pâtes sur les frites qui sont trop grasses et bien souvent indigestes. Il faut en donner plus souvent aux enfants, d'autant que l'optique du plat complet leur apporte tous les nutriments et permet de leur faire apprécier des aliments dont ils n'auraient aucune envie isolément.

Mais pour réfréner leur boulimie en sucres lents, il y a bien sûr aussi les céréales, la purée, les légumes secs, le pain…

➤ *Un équilibre alimentaire ancestral*

L'homme a un équilibre alimentaire ancestral qui est seul capable d'assumer ses besoins fondamentaux. Il ne doit rien au hasard, et varie en fonction des ethnies et des régions du globe où ses ancêtres ont vécu. Celui des Européens est bien connu et, malgré quelques petites divergences, on peut le résumer ainsi.

L'équilibre alimentaire	
Nutriments	**Apports conseillés**
Protéines (1 g = 4 calories)	15 % de la ration (environ 60 à 80 g par jour)
Lipides (1 g = 4 calories)	30 % (environ 50 à 70 g par jour)
Glucides (1 g = 9 calories)	55 % de la ration (environ 300 à 350 g par jour dont 10 % de sucres rapides et 25 g de fibres)
Vitamines, Sels minéraux Oligo-éléments	Par une alimentation saine, variée en suivant les saisons alimentaires (apport calorique négligeable)

Sans être obsédé par les chiffres, il faut savoir que c'est cet équilibre qui permet de préserver notre nature et de garder notre corps en bonne santé physique et esthétique. Une fois la minceur retrouvée, il suffit de respecter ces proportions pour maintenir son poids.

➤ *Des associations alimentaires bien définies depuis des millénaires*

Comme dans nos recettes, cet équilibre alimentaire peut parfaitement se concevoir dans un concept de plat unique qui, au fil des saisons et de la variété des recettes réparties sur plusieurs semaines, va apporter à notre organisme tout ce dont il a besoin. Ces principes sont résumés dans le tableau suivant.

Les aliments recommandés quotidiennement
– Des produits laitiers 2 ou 3 fois par jour – Des protéines 2 fois par jour – Des légumes 2 fois par jour – Des céréales à chaque repas, dont des pâtes une fois par jour – De petites quantités d'huiles essentielles – 2 fruits par jour – 1 dessert de temps en temps

Les portions doivent être réparties sur trois repas. Le goûter ne doit concerner que les enfants qui bougent beaucoup et ont davantage besoin d'énergie, les personnes âgées qui mangent peu aux repas et les personnes sportives.

CHAPITRE 3

Côté minceur

Un nouveau regard sur la diététique

➤ *La plupart des régimes amaigrissants aboutissent à l'échec*

C'est la mort dans l'âme que ceux qui s'y consacrent doivent l'avouer. À force de courir après les kilos vite perdus et les régimes prometteurs, de juger les méthodes sur leur efficacité à court terme, les résultats sont effarants : pratiquement 90 % des personnes qui font un régime vont, plus ou moins rapidement, reprendre leur poids antérieur. Quand ce n'est pas un poids supérieur, y compris parmi celles qui sont surveillées médicalement. De là à dire que les sacro-saintes méthodes à base de fruits et de légumes verts sont une ineptie, il n'y a qu'un pas que nous allons nous faire un plaisir de franchir.

➤ *La solution avec le régime « pâtes et minceur »*

Il est grand temps de réagir, et fort heureusement, les mentalités changent, car les Français et les Italiens s'en sortent plutôt bien. Même si nous sommes en danger de grossir, entre « excès de poids » et « obésité », il y a un monde que la plus grande partie d'entre nous ne franchira jamais.

Pour ceux qui souhaitent conserver leur finesse intacte ou qui veulent échapper à cette spirale infernale des kilos vite perdus et sitôt repris, le régime « pâtes et minceur » refuse les restrictions, et propose une véritable gestion de l'alimentation en plaçant les sucres lents au centre de l'équilibre nutritionnel.

➤ *La tradition de la minceur en Italie*

Les Italiens aiment les pâtes, la musique, l'amour et… leur image corporelle. Quand le fantasme rejoint la réalité, les statistiques sont sans appel : les champions de la minceur sont les Italiens, les Français les suivent aussitôt. Les statistiques Eurostat reprises dans le tableau ci-après donnent les valeurs des différents pays.

Le poids moyen des Européens en kilos						
Hommes	**15-24 ans**	**25-34 ans**	**35-44 ans**	**45-54 ans**	**55-64 ans**	**Après 65 ans**
Moyenne européenne	72,6	77,5	79,1	80,6	79,5	77,3
France	70,5 (– 2,1)	75,4 (– 2,1)	74,7 (– 4,4)	77,6 (– 3)	76,1 (– 3,4)	74,8 (– 2,5)
Italie	70,9 (– 1,7)	73,6 (– 3,9)	77,0 (– 2,1)	77,9 (– 2,7)	78,0 (– 1,5)	74,6 (– 2,7)
Allemagne	77,2	81,6	80,7	83,1	79,1	77,8
Espagne	71,7	78,0	77,8	76,1	74,9	73,7
Grande-Bretagne	73,7	79,8	81,3	82,9	80,9	80,2
Grèce	73,7	79,2	80,9	80,8	78,3	78,0
Suède	75,0	74,8	78,6	82,0	81,0	82,7

Pour la France et l'Italie, le chiffre entre parenthèses indique la différence avec la moyenne européenne.

À tout âge, les Français et les Italiens ont un poids inférieur de 2 à 3 kilos par rapport à la moyenne de l'Europe, et les différences atteignent 4 à 5 kilos avec l'Allemagne, le Royaume-Uni, l'Espagne, la Suède ou la Grèce. Ces chiffres sont d'autant plus significatifs que les tailles sont comparables, excepté pour les Allemands et les Suédois qui sont un peu plus grands.

L'index de masse corporelle (IMC), qui consiste à diviser le poids (en kg) par la taille (en mètres) au carré, confirme ces tendances. Si vous pesez 58 kg et mesurez 1,70 m, votre IMC sera calculé ainsi : 58/1,7 × 1,7 = 20.

Index de masse corporelle en pourcentage de la population masculine (quel que soit l'âge)

Hommes	Inférieur à 26 (normal)	Entre 27 et 30 (surpoids)	Supérieur à 30 (obésité)	Classement (en fonction du surpoids)
Italie	76,0	19,7	4,3	1er
France	74,3	21,1	4,6	2e
Suède	68,0	27,1	4,9	3e
Allemagne	66,0	28,6	5,4	4e
Grande-Bretagne	62,4	29,5	8,1	5e
Espagne	60,2	32,0	7,8	6e
Grèce	55,9	35,4	8,7	7e
Europe	68,2	25,7	6,1	

L'analyse du simple surpoids, selon l'index de masse corporelle entre 27 et 30 ans, est éclatante : 19 % des Italiens et 21 % des Français sont trop gros, tandis que les autres pays atteignent 28 % à 35 % de la population, soit 30 % à 50 % de plus que nos deux pays. Les champions d'Europe sont les Grecs qui, malgré les qualités indéniables de leur régime méditerranéen, ont un taux de 50 % de surpoids dérivant vers ceux des Américains.

Des différences considérables qui obligent à s'interroger.

➤ *Les relations étroites entre le mode alimentaire et la minceur*

Il n'est finalement pas étonnant de constater les bons résultats de l'Hexagone et de la botte transalpine car ils sont le reflet de traditions alimentaires et de modes de vie assez proches :

– la valeur accordée au repas comme relation sociale et familiale ;
– la large consommation de fruits et légumes ;
– le culte des bons produits de fabrication artisanale ;
– la consommation régulière et importante de féculents.

Autant de qualités qui nous éloignent de plus en plus de l'alimentation industrialisée et monochrome des pays anglo-saxons.

Les différences entre nos deux pays concernent essentiellement le choix des féculents : on mange du pain et des pommes de terre en France, des pâtes en Italie. Mais les pâtes sont avantageuses car elles sont toujours cuites à l'eau et très digestes, tandis que les féculents français sont souvent frits, sautés ou en accompagnement de plats.

➤ *Est-il possible de maigrir en mangeant des pâtes ?*

Contrairement à ce que pensent beaucoup, l'intégration des pâtes dans les régimes est une attitude parfaitement logique, à condition de respecter les bonnes associations. Dans notre régime « pâtes et minceur », les pâtes représentent le nutriment énergétique majeur. Elles régulent la sécrétion d'insuline dans le sang et calment la faim, sans danger de grossir, car leur énergie est systématiquement brûlée au moment de l'absorption.

Ainsi, pour construire un kilo de graisses, soit 9 000 calories, il faut manger 3,2 kilos de glucides, soit 13 000 calories, alors qu'il suffit de 1,2 kilo de graisses, soit 11 000 calories, pour obtenir le même résultat. Et cela reste valable même lors d'excès alimentaires prolongés : on grossit moins facilement en mangeant des glucides que des graisses.

On peut et l'on doit manger des pâtes lors des régimes !

Le régime « pâtes et minceur » : une diététique pour la vie

Que votre quête soit esthétique, pour reconquérir des formes harmonieuses, une allure perdue, une finesse première ou une volonté de vous prémunir contre les maladies, un bon médecin vous recommandera, pour maigrir efficacement, une grande dose de constance et beaucoup de tempérance ; c'est ce que prônait déjà Hippocrate au ve siècle av. J.-C.

➤ *Une savante alchimie des meilleurs principes diététiques*

Il fallait donc vous proposer autre chose, fruit de nos expériences respectives et de notre collaboration, un savant mélange qui allie :
- les traditions italiennes,
- la gastronomie française,

- les principes du régime crétois,
- et les précautions minceur de nos recettes.

Une formule de bon sens particulièrement efficace, pour peu que vous nous fassiez l'honneur d'en accepter toutes les étapes, et de comprendre comment associer les aliments dans le concept de plat complet.

Une méthode réaliste où minceur rime avec santé dans un univers diététique susceptible de vous suivre tout au long de la vie.

Le projet vous semble ambitieux ? Absolument pas ! Nous allons vous démontrer que ce régime s'adresse à tout le monde : il n'est que d'observer les Italiens pour se rendre compte que c'est possible.

➤ *Pour les 15 millions de Français qui sont en permanence au régime*

D'après les statistiques du CREDOC, 25 % des Français surveillent en permanence leur alimentation : la moitié dans le but de maigrir, l'autre moitié pour garder la forme ou pour des raisons médicales. Fiction ou réalité ? Personne ne peut malgré tout nier que la diététique a encore de beaux jours devant elle. Étant donné que 90 % d'entre eux échoueront avec les méthodes classiques, l'adoption d'un nouveau régime qui prend la problématique des féculents à bras le corps est attendue avec impatience.

➤ *Pour ceux qui ont effectivement un problème de poids*

Environ 20 % des gens sont en surpoids et 5 % sont obèses. Il est vrai que certains d'entre eux se trouvent très bien ainsi et ils ont parfaitement raison — nous en connaissons tous, y compris des personnages reconnus et admirés pour leurs talents et la pertinence de leur mode de vie. Pour ceux-là, hélas, c'est souvent la médecine qui leur intime de maigrir, sous peine de s'exposer à de graves déconvenues.

Cependant, s'ils souhaitent de leur propre initiative et avant d'y être contraints, perdre leur excès de poids, le régime « pâtes et minceur » est parfaitement adapté à leur cas.

➤ *Pour les 55 % des Français de poids dit « normal » qui se trouvent « trop gros »*

Effet de mode ? Dictature de la minceur ? Fantasme ? Peur de vieillir ? Quelle importance ! Qui peut dire qu'il n'a jamais eu le souci de sa ligne ?

Les statistiques sont formelles : 55 % des adultes ayant un poids dit « normal » sont insatisfaits et seraient prêts à faire des sacrifices pour retrouver intacte l'image à laquelle ils aspirent.

Le grand problème est de trouver la méthode qui puisse, *sans aucun danger pour la santé*, être suivie à long terme. Notre régime « pâtes et minceur » est directement issu des principes de la diététique sportive ; il reconstruit harmonieusement le corps, préserve la masse maigre, comme nous le verrons, et permet de perdre durablement les quelques kilos gênants, sans s'affamer, sans être fatigué, et sans risque pour la santé.

➤ *Pour ceux et celles qui veulent remodeler leur corps*

Nous l'affirmons haut et fort : une femme qui mesure 1,65 m et pèse 50 kilos a parfaitement le droit de vouloir perdre quelques rondeurs disgracieuses. Elle pourrait tenter de faire du sport ! Mais, comme il est quasiment impossible de transformer son corps sans une diététique parfaitement appropriée, elle n'a que peu de chances d'y arriver. Et si par malheur ce décalage entre ses aspirations et sa réalisation devient obsédant, il est aberrant de la condamner à une psychothérapie sous prétexte que le regard qu'elle porte sur elle-même est en décalage par rapport à celui des autres.

La meilleure façon de remodeler un corps est de le faire par la rééducation alimentaire. Lorsqu'elle est bien conduite, l'esthétique obtenue est exceptionnelle et permet dans la plupart des cas d'éviter le recours à la chirurgie pour enlever des rondeurs particulièrement rebelles.

Comme la patiente dont le cas est décrit ci-après, le régime « pâtes et minceur » redonne confiance, minceur et beauté et permet de se maintenir.

> Parmi tous les remodelages que j'ai dirigés, celui de Virginie[1], une jeune femme de 25 ans me paraît particulièrement significatif. Dans l'absolu, ses mensurations étaient parfaites : 52 kilos pour une taille de 1,62 m. Cependant, elle se plaignait d'être « trop grosse » ; une plainte importante et douloureuse, qui témoignait d'un complexe insupportable entravant sa vie affective et personnelle.
>
> Elle n'avait pas le profil d'une anorexique et, en dépit d'une fatigue permanente et d'un manque d'énergie chronique, elle ne semblait pas souffrir de troubles psychologiques profonds.
>
> L'analyse de son bilan alimentaire indiqua qu'elle ne prenait presque pas de petit déjeuner, que son déjeuner était souvent fait d'expédients (sandwichs, plats rapides ou de boulangerie) et que le soir, obsédée par la peur de grossir, elle ne mangeait presque rien, se contentant bien souvent de son péché favori : une baguette de pain. En fait, elle ne faisait pratiquement jamais de véritable

1. Le prénom a été changé (J.-B. Mallet).

repas, mangeait très peu de protéines, et privilégiait une alimentation essentiellement glucidique.

Comme elle mangeait peu, elle restait mince. Mais, si l'on regardait son corps, le déséquilibre était flagrant : ses graisses étaient réparties un peu partout, mais bien qu'elles ne fussent pas très importantes, elles étaient molles, rembourrant sans harmonie ses membres, son thorax et son ventre. La peau était flasque et distendue, le visage lui-même aurait pu être plus fin.

En fait, Virginie payait le prix de ses Yo-Yo diététiques. Elle souffrait d'une profonde dénutrition de la masse maigre, à la limite de l'anorexie, masquée par une couche de graisse proportionnellement trop importante. Malgré sa réelle minceur lorsqu'elle était habillée, on évaluait sa masse grasse à 25 %, alors qu'elle n'aurait pas dû dépasser 15 %.

Elle accepta de se prendre en charge et notre objectif fut défini pour rétablir l'équilibre de son corps : il fallait avant tout renforcer sa masse maigre, et diminuer parallèlement sa masse grasse. Cela nécessitait une éducation alimentaire importante, beaucoup d'abnégation de sa part, une surveillance et une personnalisation permanentes grâce à la tenue d'un carnet de surveillance, des techniques locales de drainage.

Le résultat ne s'est pas fait attendre. Elle a spontanément refait un peu de sport, et a vite retrouvé un dynamisme physique et psychologique qu'elle n'avait pas connu depuis longtemps. Les améliorations esthétiques ont été plus modulées, mais elle a très vite éprouvé la sensation que son corps se rétrécissait, notamment lors du port de certains vêtements un peu serrés. Sensation réelle, car sa peau se tendait au fur et à mesure qu'elle perdait sa graisse.

Sa rééducation a duré neuf mois, car il a fallu batailler. Aujourd'hui, elle pèse 50 kilos, et sa masse grasse est à 16 %. Elle a donc perdu au moins 6 kilos de graisse, parfaitement compensés par une augmentation de la quantité et de la qualité de sa masse maigre. Elle est pleinement satisfaite de l'évolution de son corps qu'elle n'avait jamais espéré ainsi.

Dans son esprit, vouloir maigrir passait par la privation et les régimes restrictifs. Elle sait maintenant qu'il faut prendre le temps de se reconstruire et manger différemment.
Elle saura se maintenir, car dorénavant, elle domine ses protéines, ses glucides, ses graisses et… elle mange des pâtes.

➤ *Pour tous ceux qui ont du mal à maintenir leur poids*

Notre métabolisme craint la disette et il est programmé pour faire des réserves ; ce fut pendant des millénaires une affaire de survie pour notre espèce, lorsque nos lointains ancêtres avaient pour principal souci de trouver leur nourriture au quotidien.

Seuls ceux qui sont génétiquement minces peuvent le rester sans vraiment se priver. Mais, dès que nous avons commencé à prendre du poids, la montée est inéluctable, faute d'une méthode cohérente pour le perdre. Les Américains friands de méthodes d'amaigrissement ne se souciant que de la performance immédiate (fruits et légumes, sachets de protéines, régimes dissociés, programmes variés à suivre à la lettre) sont en train de le payer chèrement. À force de croire aux miracles et de suivre aveuglément ceux qui leur promettent le nirvana, leur pays devient littéralement obèse. Plus de 50 % sont en véritable surpoids.

Comme nous l'avons dit, l'adoption de nos principes, tant culinaires que diététiques, peut parfaitement se concevoir sur un long terme et aider au maintien permanent du poids de forme. Et en cas de dérapage, il suffit de reprendre le programme « pâtes et minceur ».

Les clés d'un amaigrissement bien conduit

Suivre un régime pour avoir 90 % de chances d'échouer, à court ou moyen terme, est une ineptie, et une activité dangereuse pour la santé. En revanche, si vous désirez remodeler durablement votre corps en rétrécissant votre peau sur un volume moins important, vous devez apprendre à dominer et à diriger votre amaigrissement.

➤ *Masse grasse et masse maigre*

Votre corps peut schématiquement être divisé en deux parties :

• La masse grasse souligne les formes extérieures et sculpte le corps. Mais elle est aussi le reflet des excès passés et le réservoir énergétique dans lequel l'organisme puise selon ses besoins. La masse grasse, qui trop souvent nous chagrine, est concentrée sous la peau mais elle est surtout visible chez les femmes dont les cellules graisseuses sont plus nombreuses. C'est la fameuse cellulite dont elles voudraient bien se passer. Mais cette même masse grasse enrobe aussi les tissus internes, ce qui est plus grave et peut provoquer des complications.

• La masse maigre est constituée par la peau, les muscles, les organes, les viscères, le squelette, les fluides corporels (sang, lymphe…). Essentielle à la vie, elle doit répondre à des critères qualitatifs très précis et il faut la préserver pour avoir une belle apparence, une bonne santé et un corps athlétique.

➤ *Ne faites pas comme Virginie !*

En perdant du poids, on diminue la masse grasse et c'est très bien. Mais la masse maigre s'atrophie également au détriment des muscles des cellules et de l'esthétique.

C'est particulièrement vrai chez les femmes qui veulent maigrir vite sans faire de sport.

C'était le problème de Virginie dont le cas a été décrit un peu plus haut. En alternant pendant des années, pertes de poids restrictives, où elle ne mangeait rien, et prises de poids déséquilibrées avec des aliments flatteurs au palais mais trop sucrés et/ou trop gras, elle était tombée dans le cercle infernal des Yo-Yo.

Petit à petit, ses muscles se sont atrophiés, gonflés d'eau et de graisse. Ils sont devenus mous, sans tonus ni efficacité. Graduellement, même si l'apparence lorsqu'elle était habillée restait cohérente, la dénutrition a fait des ravages, et la cellulite ne pouvait plus partir.

Dans les cas extrêmes, le muscle cardiaque lui-même est attaqué, car il perd lui aussi des fibres musculaires et évolue vers une atrophie. Lorsque le régime est trop rapide, on a maintes fois décrit des troubles du rythme ayant entraîné la mort.

Mais la réciproque est vraie. Lorsque nous grossissons nous accumulons de la masse grasse, mais aussi de la masse maigre. Cela explique le surpoids parfois très important des sumotori japonais. Lorsque ces monstres de puissance ont obtenu la masse musculaire maximale qu'ils pouvaient atteindre, ils grossissent pour gagner encore des kilos de muscle qui, alliés à leur masse, multiplient leur force.

➤ *L'équation magique de l'amaigrissement du régime « pâtes et minceur »*

Maigrir, c'est limiter son alimentation à l'essentiel, le problème étant de savoir à quoi il correspond. Étudiez bien le tableau suivant.

Les objectifs nutritifs du régime « pâtes et minceur »	
Préserver la masse maigre	**Perdre la masse grasse**
Mangez des protéines (aliments d'origine animale)	Choisissez les aliments les moins gras (liste page 81)
Mangez des sucres lents, dont les pâtes, mais pas à volonté. Respectez nos recommandations	Fuyez les sucres rapides et limitez les aliments glucidiques (d'origine végétale) selon les quantités que nous préconisons
Au moins 10 g d'acides gras essentiels par jour (huile d'olive, de noix, poissons et crustacés, (page 118)	Évitez les graisses saturées, cuissons frites, sautées, braisées et les sauces grasses
Deux ou trois laitages maigres par jour	Supprimez les laitages gras
Privilégiez les aliments de bonne qualité, suivez les saisons alimentaires, variez votre alimentation	Suivez le régime « pâtes et minceur » ; évitez les régimes restrictifs. Adaptez-vous en cas de difficultés
Faites du sport (musculation, gymnastique notamment)	Faites du sport d'endurance (jogging, natation, vélo, stepper)
Buvez au moins 1,5, voire 2 litres par jour	Buvez au moins 1,5, voire 2 litres par jour
Mangez ce qui est préconisé, ne diminuez pas vos rations, sauf en cas de stagnation (page 92)	Ne grignotez pas, ne mangez pas en dehors des repas, adaptez votre régime en cas de stagnation (page 92)

Pourquoi le régime « pâtes et minceur » est-il supérieur aux autres ?

Maigrir ne consistera jamais à perdre sa graisse à tout prix, mais à tenter de se raffermir sur une masse grasse de moins en moins importante. Il est inutile de faire une fois encore le tour de tous les régimes que l'on trouve dans le monde, du régime Mayo au régime végétalien en passant par les régimes dissociés et autres régimes fructivores. Ils ont assez fait de mal pour que nous les oubliions sans scrupules. Nous voulons ici vous faire simplement part de quelques principes séduisants qui semblent marcher et pourraient vous tenter, mais qui peuvent être dangereux pour la santé et préjudiciables au maintien de votre poids.

➤ *Les régimes rapides sont une ineptie*

Nous ne le dirons jamais assez : il faut prendre son temps pour maigrir. La perte d'un kilo de graisses de réserve fournit 7 000 à 7 500 calories. Lors d'un régime, une restriction calorique de 1 000 calories par jour pourrait en théorie faire perdre 4 kilos par mois, correspondant à 30 000 calories. Mais, compte tenu de l'adaptation de votre métabolisme et de quelques approximations, il vaut mieux se montrer raisonnable.

Pas plus de trois kilos par mois !

Nous disons bien « par mois », car au-delà, l'amaigrissement est éphémère. C'est parfois plus rapide au début, mais après une ou deux semaines, c'est le régime de croisière habituel. Et la perte peut être plus lente, notamment pour ceux qui sont fréquemment au régime, qui ont connu des alternances de perte et de reprise de poids, ou qui n'ont que peu de poids à perdre : car plus on s'approche de l'idéal, plus c'est difficile.

➤ *Les régimes équilibrés sont un mythe*

Des méthodes sérieuses et académiques entretiennent l'espoir de vous faire maigrir en mangeant de tout et en équilibrant la ration alimentaire. Cela part assurément d'un bon sentiment, mais cela ne marche pas ; excepté pour les personnes dont l'alimentation était tellement mauvaise, que ce régime équilibré leur apporte une restriction et une régularité dont elles manquaient cruellement. Mais, pour la majorité d'entre nous, manger équilibré est certes une bonne chose pour la santé, mais n'aboutit qu'à maintenir son poids. Pour maigrir, il faut *déséquilibrer* son alimentation dans le bon sens. C'est ce que vise le régime « pâtes et minceur ».

Le bon déséquilibre du régime « pâtes et minceur »

– Éliminer les graisses et les sucres rapides pour perdre la masse grasse.
– Maintenir un haut niveau de protéines et un apport régulier de sucres lents pour préserver la masse maigre.

➤ *Les régimes restrictifs conduisent à un échec irrémédiable*

On en trouve partout, car ils sont simples à expliquer et faciles à comprendre. Ils consistent à ne rien manger, ou simplement quelques quantités d'aliments peu caloriques. Régimes dissociés, régimes à base de fruits et légumes à volonté, sachets de protéines, programmes restrictifs.

Si vous voulez maigrir pour maigrir, suivez n'importe quelle méthode ! Elles sont toutes efficaces… à court terme. Vous en sortirez amaigri, avec un corps plus ou moins détruit selon le degré de restriction que vous vous serez imposé. Mais méfiez-vous, car vous ne rentrerez dans le pantalon ou la jupe de l'été dernier que l'espace d'un instant. Une fois que vous cessez le régime, les kilos reviennent, petit à petit.

➤ *Les atouts du régime « pâtes et minceur »*

Il respecte les recommandations de l'Institut français de la nutrition qui répondent aux critères les plus sérieux de la diététique et qui préconisent :

• La diminution de l'apport énergétique global de 1 000 calories par rapport à la consommation quotidienne de base. Il faut donc manger moins en restreignant les graisses, les sucres rapides, le grignotage, en limitant le nombre de plats.

• La consommation de 1,5 g de protéines par kilo et par jour apportées par les aliments animaux, mais aussi par les végétaux, notamment les féculents et les pâtes. Ces quantités importantes (90 g pour une femme de 60 kilos) permettent pratiquement de manger des aliments protidiques à volonté ; maigres, bien entendu.

• Un apport précis de glucides lents qui est la source énergétique dont notre corps a besoin à chaque instant. Il ne faut surtout pas les supprimer, sinon les protéines sont détournées de leur rôle constructif pour être transformées en énergie.

• La limitation au maximum des graisses alimentaires.

• Et, si cela est possible, la pratique régulière d'une activité physique.

Nous avons résumé les conséquences de ces régimes dans le tableau suivant.

Les avantages du régime « pâtes et minceur » sur les autres régimes		
	Régimes classiques restrictifs	**Régime « pâtes et minceur »**
Perte de poids	Rapide	Plus lente
Danger pour la santé	Important	Aucun danger véritable
Surveillance par le médecin traitant	Indispensable	Recommandée
Qualité de l'amaigrissement	Très mauvaise : perte de masse maigre importante	Très bonne : respecte totalement la masse maigre et athlétique
Danger de reprise du poids	Grande, presque inéluctable	Les seuls régimes efficaces à long terme
Effet sur la peau	Détérioration	Amélioration
Perte de masse grasse	Rapide, mais éphémère	Plus lente mais durable
Reprise de l'alimentation antérieure	Quasiment impossible, c'est le cycle des Yo-Yo	Sans aucun problème
Esthétique du corps après l'amaigrissement	Meilleure à condition de ne pas observer les détails	Très bonne : un véritable lifting corporel
Peut-on perdre les rondeurs anciennes ?	Très difficilement	Oui ! en prenant son temps
Possibilité de faire du sport	Déconseillé : trop de restriction alimentaire	Oui, séances régulières d'intensité modérée

La sanction est tombée. Vous maigrirez moins vite avec le régime « pâtes et minceur », mais ce sera beau, durable et sans danger.

Le régime « pâtes et minceur » pas à pas

> Les principes du régime « pâtes et minceur » sont efficaces dans l'immense majorité des cas. Il est cependant impossible de définir une quantité d'aliments universelle qui puisse convenir à tous. Nous avons donc pris une moyenne. Démarrez sur ces bases, mais adaptez-vous en cas de stagnation de la perte de poids ou en cas de difficulté à démarrer. Gardez les principes, mais diminuez les quantités d'un quart ou d'un tiers. Le régime sera alors parfait même pour les plus résistants.

Mais, avant de vous lancer dans un régime qui peut durer des semaines, consultez votre médecin qui vérifiera l'absence de contre-indications, vous conseillera judicieusement, et vous apportera éventuellement une assistance efficace. Un bon coaching ne peut pas nuire !

➤ *L'équilibre général du régime « pâtes et minceur »*

L'équilibre général du régime « pâtes et minceur » est résumé dans le tableau suivant.

Malgré le régime, vous aurez dans votre assiette des rations de nourriture normales, voire plus que normales pour certains. Ne vous effrayez pas des quantités préconisées, car les cuissons sans graisse, les aliments maigres et naturels et l'absence de grignotage vont créer une réelle restriction calorique ; d'autant qu'une bonne partie de ces nutriments, notamment les acides gras et les protéines, sera utilisée pour la construction corporelle qui elle aussi requiert de l'énergie. De ce fait, vous forcerez votre métabolisme à se servir sur les graisses de réserve et la cellulite de votre corps.

Le régime « pâtes et minceur » en un coup d'œil	
Petit déjeuner	Pas de régime au saut du lit. Le petit déjeuner est hautement recommandé selon les indications de la page 74.
Premier repas : un plat complet de pâtes. 51 recettes minceur.	1 - Une des recettes du livre à choisir parmi celles qui sont référencées dans les paragraphes suivants et en respectant bien les quantités préconisées et les adaptations minceur éventuelles. 2 - Un laitage ou un fruit.
Deuxième repas : composez votre régime vous-même. 21 exemples vous attendent dans les trois semaines de régime.	1 - Un aliment protidique d'origine animale, au moins 150 à 200 g apportant entre 30 et 40 g de protéines, et préparé en respectant les cuissons sans graisses et en évitant les sauces grasses et riches. 2 - Un aliment végétal dont vous limiterez la quantité afin de ne pas rompre l'équilibre d'amaigrissement. À choisir entre : – 70 à 80 g crus de pâtes, de riz ou de semoule, – 100 g de légumes secs, – 300 g de pommes de terre ou de maïs, – 400 g de fruits et légumes verts, – 150 g de pain, mais ce n'est pas conseillé. Ces rations apportent environ 60 g de glucides. 3 - Une ou deux cuillerées à café d'huile : olive pour la cuisson ou de noix pour les salades. 4 - Un laitage.

➤ *La clé de la réussite*

N'oubliez jamais que, si vous mangez lors d'un repas une bonne part de protéines, des sucres lents en quantité raisonnable, peu ou pas de graisses ni de sucres rapides, se déroule alors le processus suivant :

• les sucres lents seront brûlés au fur et à mesure de leur absorption ;

• les protéines seront utilisées pour la reconstruction cellulaire qui réclame beaucoup d'énergie.

Dans ces conditions, il n'y aura plus d'énergie alimentaire disponible au bout de trois ou quatre heures :

• vous allez ressentir une impression de faim plus ou moins désagréable ;

• et si vous savez résister, vous allez commencer à maigrir. Votre métabolisme ira même chercher les graisses anciennes si difficiles à perdre.

Mais si vous grignotez quoi que ce soit, vous bloquerez votre amaigrissement. Apprenez à résister à la faim, à calmer votre appétit en buvant et ne grignotez jamais quand vous en avez le plus envie.

Pour contrôler l'efficacité du régime, établissez un bilan dans lequel vous noterez scrupuleusement ce que vous mangez.

➤ *La composition du petit déjeuner*

Cela fait cinquante ans que les nutritionnistes tentent de faire manger les Français au lever sans vraiment y parvenir. Que faut-il en penser réellement ? Les Italiens se contentent souvent d'un *cappucino* et d'un biscuit. Les Anglo-Saxons considèrent le petit déjeuner comme un véritable repas qui réunit souvent toute la famille. Un grand nombre de Français ne prennent presque rien, et l'on peut déplorer qu'un tiers des enfants parte à l'école le ventre vide.

Ce qui est certain, c'est qu'il ne faut pas faire son régime lors du petit déjeuner. Il lance votre métabolisme et votre journée alimentaire, vous donne de l'énergie pour la matinée, et permet la consommation d'aliments bien particuliers comme les laitages et les céréales.

Mais ne culpabilisez pas si vous n'avez ni le temps ni l'envie de manger. Au besoin, coupez la matinée par un produit laitier non sucré et un fruit. Les Crétois boivent un café en se levant, mais prennent une collation un peu plus tard.

Si vous le souhaitez, vous pouvez opter pour l'un des petits déjeuners du tableau suivant.

Exemples de petits déjeuners	
Thé, café, eau 150 g de lait demi-écrémé ou un yaourt nature Deux fines tranches de pain complet 10 g de beurre allégé Un fruit	Thé, café, eau Un yaourt nature Deux fines tranches de jambon allégé 10 g de beurre allégé Une orange pressée
Thé, café, eau 1/2 barquette de fromage à tartiner à 25 % de matières grasses Deux biscottes Compote de fruits sans sucre	Thé, café, eau Un yaourt Un œuf à la coque Une tranche de pain complet Un jus de fruit naturel
Thé, café, eau Une tranche de jambon allégé 50 g de fromage à 25 % de matières grasses Une tranche de pain grillé Un fruit	Thé, café, eau 150 g de lait demi-écrémé 30 g de céréales en pétales (type corn-flakes) Un jus de fruit naturel

Il n'y a pas vraiment de petit déjeuner idéal, mais plutôt des petits déjeuners correspondant au climat du pays dans lequel on vit et à son mode de vie. Suivez votre instinct en privilégiant les glucides complexes (pains ou céréales), fruits consommés entiers et évitez de sucrer votre boisson. Les édulcorants (dont l'aspartame) peuvent être une formule, mais jouez plutôt le naturel en diminuant progressivement le nombre de morceaux de sucre.

➤ *Premier repas : 51 recettes de plats complets pour maigrir*

Le plat complet et unique est la véritable solution pour maigrir. Nous avons référencé, dans le cahier recettes, celles qui nous paraissent particulièrement judicieuses, car elles suivent spontanément les recommandations du régime « pâtes et minceur ». Il peut sembler étonnant que la grande majorité des recettes y figurent, mais c'est simplement le résultat de notre alchimie magique qui mélange traditions italiennes, gastronomie française, principes crétois et notre culture diététique : quand on cuisine naturel, on mange bien et l'on respecte la silhouette.

Naturellement, si vous voulez maigrir, ces recettes constituent un repas à elles seules et il ne faut pas en reprendre sinon la ration calorique est trop importante.

- Le plat complet autour des pâtes,
- un laitage allégé ou un fruit en dessert,
- un verre de vin, de l'eau ou des boissons sans calories,
- pas de pain ni d'entrée,

Et le régime est parfait pour midi ou pour le soir.

Les soupes de confort spécial minceur
Bouillon d'agneau au paprika : 500 cal et 35 g de prot. *Soupe au canard et tofu : 400 cal et 30 g de prot.* *Soupe au canard et aux champignons : 350 cal et 30 g de prot.* *Soupe de nouilles aux crevettes : 450 cal et 40 g de prot.* *Bouillon de coquelet : 500 cal et 40 g de prot.* *Soupe à la pintade : 400 cal et 35 g de prot.* *Nouilles au bouillon de porc et chou chinois : 300 cal et 25 g de prot.* *Bouillon de poulet safrané : 350 cal et 35 g de prot.*
Les salades du bien-être et de la minceur
Tortil aux algues et saumon fumé : 600 cal et 40 g de prot. *Penne au lit vert de foies de volaille : 500 cal et 30 g de prot.* *Fettucelle aux crevettes et concombre : 500 cal 35 g de prot.* *Tagliatelle aux écrevisses, à l'huile de truffe et à la roquette sauvage : 500 cal et 35 g de prot.* *Tagliatelle aux encornets et artichauts : 600 cal et 40 g de prot.* *Tagliatelle en carpaccio d'espadon : 500 cal et 30 g de prot.* *Lasagnette aux gambas, concombre et champignons : 500 cal et 45 g de prot.* *Spaghetti au haddock, à la menthe fraîche et aux courgettes : 400 cal et 40 g de prot.* *Fusilli de tomates et d'épinards au thon : 550 cal et 35 g de prot.*
Les plats végétariens spécial minceur
Tagliatelle aux artichauts et févettes en tuiles de parmesan : 600 cal et 35 g de prot. *Tagliatelle à la menthe et au chèvre frais : 500 cal et 25 g de prot.*

Cannelloni d'asperges à la brousse : 500 cal et 25 g de prot. *Penne aux orties et à la brousse : 500 cal et 20 g de prot.* *Torsade à la feta et aux épinards : 600 cal et 30 g de prot.* *Lasagne à la ricotta et aux courgettes : 600 cal et 30 g de prot.* *Bucatini aux œufs brouillés en ratatouille : 500 cal et 18 g de prot.*
Les plats complets de poisson spécial minceur
Tagliatelle de courgettes aux coques : 500 cal et 45 g de prot. *Tagliatelle au crabe et aux pois gourmands : 500 cal et 35 g de prot.* *Feuilleté de lasagne au crabe : 500 cal et 30 g de prot.* *Penne aux crevettes et brocolis : 600 cal et 35 g de prot.* *Millefeuille d'espadon : 550 cal et 40 g de prot.* *Papillotes aux fruits de mer : 600 cal et 60 g de prot.* *Linguine aux gambas et émincés d'artichauts : 550 cal et 40 g de prot.* *Tagliatelle aux gambas et poivrons rouges : 550 cal et 40 g de prot.* *Tagliatelle au homard safrané : 600 cal et 40 g de prot.* *Tagliatelle au pesto rouge de Saint-Jacques : 600 cal et 40 g de prot.* *Millefeuille de lasagne au saumon écarlate : 500 cal et 40 g de prot.* *Lasagne à la fondue de saumon et poireaux : 600 cal et 40 g de prot.*
Les plats complets de volaille spécial minceur
Fetucelle au canard et à l'orange : 650 cal et 40 g de prot. *Tagliatelle aux aiguillettes de canard et jus de poivrons rouges : 500 cal et 35 g de prot.* *Tagliatelle aux coquelets et topinambours : 600 cal et 40 g de prot.* *Penne au lapin et aux courgettes : 600 cal et 40 g de prot.* *Bucatini au lapin et aux girolles : 600 cal et 40 g de prot.* *Spaghetti à la pintade aux cœurs d'artichauts : 600 cal et 40 g de prot.* *Lumaconi aux émincés de poulet et poireaux : 600 cal et 45 g de prot.* *Casareccia au poulet sauce potiron : 600 cal et 45 g de prot.* *Spaghettoni au poulet épicé et aux kiwis : 600 cal et 40 g de prot.*
Les plats complets de viande spécial minceur
Tagliatelle d'autruche aux tomates confites : 550 cal et 35 g de prot. *Fetucelle aux émincés de bœuf et artichauts : 600 cal et 35 g de prot.* *Linguine aux émincés de bœuf et oignons : 600 cal et 35 g de prot.* *Spaghetti aux émincés de veau et courgettes : 600 cal et 35 g de prot.* *Gratin de gnocchi au gingembre et à la tomate : 600 cal et 40 g de prot.* *Casareccia au filet de porc et émincés de poireaux : 600 cal et 35 g de prot.*

➤ *Deuxième repas : le régime « traditionnel »*

Il sera pris selon votre gré le midi ou le soir, et composé selon votre volonté en suivant le cadre alimentaire que nous avons défini dans le tableau de la page 73.

La consommation des glucides : aliments d'origine végétale

Elle est obligatoire à chaque repas, mais il est impératif de limiter les quantités selon nos indications. Les rations sont interchangeables, car elles apportent le même nombre de calories. Le premier devoir du candidat à la minceur est de savoir apprécier les poids et les quantités de fruits, légumes, féculents.

VOUS POUVEZ CHOISIR DES FÉCULENTS

Entendons-nous bien : il n'est pas question d'imposer à tout le monde de manger des pâtes à chaque repas. Cette attitude peut parfaitement se concevoir et il n'est que d'observer les Italiens pour vérifier sa pertinence. Mais ce serait trop partisan, et pour beaucoup d'entre nous, impossible. En revanche, il est important de manger des féculents tous les jours, et les pâtes sont leurs meilleurs représentants.

Féculents conseillés lors du régime	
Légume au choix	**Quantité par repas**
Pâtes	70 à 80 g crus
Riz	70 à 80 g crus
Semoule	70 à 80 g crus
Pommes de terre	300 g
Maïs	300 g
Légumes secs (haricots, lentilles, pois secs)	100 g crus

Le pain est lui aussi un féculent. C'est un excellent produit alimentaire bourré de nutriments et de qualités, mais il est le plus souvent remisé au rang d'accompagnement des plats, ce qui est illogique lorsqu'on mange des pâtes. Lors d'un régime, il enrichit la ration et il vaut mieux l'éviter. Si vous en mangez, limitez les quantités, et réduisez parallèlement vos portions de légumes et féculents.

En revanche, nous vous le recommandons comme sucre lent préférentiel lors du petit déjeuner.

OU BIEN DES FRUITS ET LÉGUMES VERTS

Fruits et légumes recommandés dans le régime « pâtes et minceur »		
Valeur calorique	**Légumes**	**Fruits**
20 à 30 calories	Concombre, radis, endives, salades, fenouil, épinards, asperges, champignons, pignons	Myrtilles
30 à 40 calories	Poivrons, avocats, céleris, choux, aubergines, courgettes, champignons de Paris, soja, choux-fleurs, bettes	
40 à 50 calories	Navets, choux rouges, haricots verts, poireaux, céleris raves, betteraves, artichauts, pissenlits	Olives, pastèques, groseilles, melons, fraises
50 à 60 calories	Choux de Bruxelles, oignons	Pamplemousses, oranges, abricots, citrons, framboises
60 à 70 calories	Pois	Pêches, ananas, pommes
80 calories (pas plus de 300 g par repas)	Pommes de terre, échalotes	Raisins, figues, bananes, cerises, amandes

Cela fait des décennies que l'on vante leurs vertus dans les régimes. Mais nous pensons que cette consommation à volonté de verdures n'est qu'une solution de facilité permettant de conseiller des régimes basiques menés sans aucune réflexion.

En revanche, pour préserver votre santé, vous devez manger quotidiennement des fruits et légumes et vous avez trois repas pour cela. Mais si vous voulez maigrir, il ne faut pas pour autant vous servir à volonté, car il s'agit malgré tout de glucides, et vous devez en limiter les apports.

Prenez 400 g de fruits et/ou légumes choisis dans le tableau ci-dessus qui vous permet de comparer les apports glucidiques des différents aliments. Bien entendu, ils n'ont pas tous la même valeur calorique, mais essayez de ne pas toujours choisir les plus riches. Au fil des journées, vous finirez par équilibrer vos rations.

OU BIEN LES DEUX

Il faut alors diviser les quantités. Il est impossible de maigrir si la consommation de glucides est trop importante, impossible de cumuler 80 g de pâtes avec 500 g de fruits. C'est une alimentation naturelle qui ne vous fera pas grossir, mais qui ne suscitera pas d'amaigrissement. En revanche, vous pouvez panacher les quantités selon votre goût et prendre par exemple :

- *Exemple 1 :*
  - *200 g de tomates en crudités (1/2 ration),*
  - *150 g de pommes de terre en plat (1/2 ration).*

- *Exemple 2 :*
  - *150 g de radis en entrée (1/3 ration),*
  - *25 g de riz en plat (1/3 ration),*
  - *un fruit de 100 à 150 g en dessert (1/3 ration).*

• *Exemple 3 :*
 – *40 g de pâtes (1/2 ration),*
 – *250 g de fruits (1/2 ration).*

• *Exemple 4 :*
 – *un mélange de 150 g de pommes de terre,*
 – *et 50 g de légumes secs.*

La plupart de nos recettes intègrent des légumes en même temps que les pâtes.

La consommation de protéines :
les aliments d'origine animale

Elle ést obligatoire, si possible à chaque repas. Le but du régime « pâtes et minceur » est de vous faire maigrir « en positif », c'est-à-dire en forçant votre corps à se reconstruire de plus en plus mince. Il est indispensable d'éviter les restrictions alimentaires et de manger une bonne quantité de protéines. Mais pas question de sachets, choisissez-les parmi les aliments du tableau suivant, afin d'en consommer entre 150 et 250 g par repas qui fournissent 30 à 40 g de protéines.

Comme vous le constatez, les aliments protidiques correspondent à une quantité normale que vous devrez maintenir lorsque vous aurez maigri. Vous en consommerez entre 1,2 et 1,5 g par kilo et par jour, soit 100 à 120 g pour un homme de 80 kilos et 75 à 90 g pour une femme de 60 kilos. La ration peut être composée avec des petites portions de plusieurs aliments ou par une grande quantité d'un seul produit. Crus ou cuits, il est important de ne pas les préparer avec des graisses et de varier votre alimentation.

Étant entendu que cela ne correspond pas au minimum vital, mais à ce que l'on peut faire sans danger.

Choisir les bons aliments d'origine animale pour maigrir			
Aliments	**Teneur en protéines**	**Autorisés**	**Défendus**
Viandes	20 g	Bœuf maigre, gigot d'agneau dégraissé, veau, jambon maigre, cheval, rôti de porc dégraissé	Porc gras, charcuteries, gras des viandes, viandes séchées salées et fumées, graisses de cuisson
Volailles	20 g	Pigeon, pintade, poulet, canard maigre ou sauvage, dinde, dindonneau	Oie, dinde et canard gras, peau et bardes, jus de cuisson quand la volaille est rôtie
Abats	22 g	Cœur, langue, rognons, foie, tripes	Une fois par semaine suffit
Gibiers sauvages	22 g	Sanglier, cerf, biche, chevreuil, lapin, canard	Cuissons et sauces grasses
Poissons	18 g	Tous, même les plus gras, conserves de poisson au naturel, bâtonnets de surimi, tranches fines de saumon fumé	Œufs de poissons, conserves de poisson à l'huile (sardines, thon)
Crustacés	18 g	Crabes, huîtres, homards, crevettes, écrevisses, coquillages, moules, Saint-Jacques…	Pain, beurre et mayonnaise pour les accompagner
Œufs	12 g	Coque, durs, pochés, omelette	Attention aux cuissons grasses
Laitages	4 à 5 g	Écrémés ou demi-écrémés, fromages maigres	Lait entier et dérivés, fromages

Les végétariens pourront aussi équilibrer leurs apports en sachant que :

- 100 g de pâtes apportent 14 g de protéines,
- 100 g de légumes secs 20 g,
- 100 g de pain ou de céréales 7 à 8 g.

Évitez au maximum les graisses alimentaires

Tout au long de votre régime, vous devrez vous efforcer de les dénicher pour les rejeter. Hormis quelques exceptions, elles sont peu abondantes dans les végétaux. La plupart des poissons ne sont pas très gras et, en général, ils sont riches en graisses polyinsaturées particulièrement recommandées. Quant aux gibiers et animaux sauvages, ils doivent courir pour chercher leur nourriture et ne sont donc jamais gras. Mais même le plus maigre des aliments contient quelques graisses. Il faut donc leur faire une chasse impitoyable.

Attention aux cuissons

C'est la gastronomie, le coup de main du cuisinier, mais aussi la façon la plus fréquente d'enrichir les plats.

Les bonnes cuissons pour bien maigrir

Recommandées sans réserve	**Autorisées de façon limitée**	**Déconseillées**
– Cuisson en papillote – Cuisson à la vapeur – Grillades – Rôtis, en dégraissant à toutes les étapes – Micro-ondes	– Cuisson pochée et à l'eau en raison de la perte nutritive – La cuisson sautée peut être utilisée ponctuellement pour préparer un ingrédient du plat – Les braisés sans graisses	– Les fritures – La cuisson braisée avec des graisses

Méfiez-vous toujours des légumes lorsqu'ils sont cuits avec d'autres aliments, notamment des viandes, des bardes, des lardons. Les graisses se liquéfient à la chaleur, et se retrouvent dans les jus de cuisson et les légumes qui vont les absorber. Prenez conscience que :
• 100 g de pommes de terre, c'est 90 calories, alors que 100 g de frites fournissent 600 calories,
• 100 g d'endives, c'est 30 calories, tandis que 100 g d'endives braisées peuvent atteindre 400 calories.

Les ingrédients autorisés dans les sauces

Encore une bonne occasion d'enrichir les plats. Le régime « pâtes et minceur » vous apporte tout ce dont votre corps athlétique a besoin. La plupart des sauces traditionnelles sont flatteuses, mais, hélas, trop riches. Il faut laisser parler votre savoir-faire en utilisant les ingrédients suivants :

- une ou deux cuillerées à café d'huile d'olive ou de noix,
- huile de paraffine aromatisée,
- yaourts nature et crème fraîche à 15 %,
- sel, poivre, condiments variés, piment,
- vinaigres variés et de bonne qualité,
- jus d'orange ou de citron,
- diverses sauces (Worcester, Tabasco, ketchup),
- toutes les fines herbes : persil, basilic, thym, estragon…

Ne pas éliminer les bonnes graisses

Les acides gras indispensables, notamment pour la construction des tissus nerveux et de la peau seront apportés par :
• les graisses des poissons qu'il faut consommer plusieurs fois par semaine ;
• l'huile de noix et l'huile d'olive de première pression que vous consommerez en quantité limitée à chaque repas, environ une ou deux cuillerées à café.

Trois semaines de régime « pâtes et minceur »

Première semaine de régime		
	Premier repas	**Deuxième repas**
Lundi	• Viande grillée + légumes – 150 g de viande rouge grillée (rosbif, filet, steak) – une pomme de terre de 150 g et 250 g de tomates cuites au four • Un laitage	• Recette page 206 *Fusili de tomates et d'épinards au thon (550 cal)* • Un fruit ou un laitage
Mardi	• Salade de crudités au crabe – 200 g de chair de crabe – 400 g au total de tomates en quartiers, champignons de Paris en lamelles, haricots verts, oignons… • Un laitage	• Recette page 298 *Tagliatelle d'autruche aux tomates confites (550 cal)* • Un fruit ou un laitage
Mercredi	• Brochettes d'abats ou de volailles cuites au four ou au barbecue – 200 g de viandes en morceaux – 400 g de légumes variés • Un laitage	• Recette page 216 *Cannelloni d'asperges à la brousse (500 cal)* • Un fruit ou un laitage
Jeudi	• Moules marinières à volonté avec éventuellement une ou deux cuillerées à soupe de crème allégée • Salade de fruits avec crème à 15 %	• Recette page 210 *Tagliatelle aux artichauts et févettes en tuile de parmesan (600 cal)* • Un fruit ou un laitage
Vendredi	• Un aliment diététique du commerce conseillé page 89 ou un plat allégé • Un fruit • Une grande boisson light ou eau	• Recette page 248 *Papillotes aux fruits de mer (600 cal)* • Un fruit ou un laitage
Samedi	• Viande légumes – 150 g de rôti de veau – 400 g de carottes Vichy avec un hachis d'ail et de persil – sauce faite avec le jus de cuisson dégraissé et déglacé • Un yaourt	• Recette page 234 *Tagliatelle au crabe et aux pois gourmands (500 cal)* • Un fruit ou un laitage
Dimanche	• Salade niçoise au thon – 200 g de thon au naturel – 400 g tomates, poivrons, oignons, salade, quelques anchois au naturel – sauce vinaigrette avec huile d'olive • 100 g de fromage blanc maigre	• Recette page 180 *Soupe à la pintade (400 cal)* • Un fruit ou un laitage

Deuxième semaine de régime		
	Premier repas	**Deuxième repas**
Lundi	• Omelette de trois œufs aux herbes • 100 g de jambon • 300 g de fruits avec fromage blanc	• Recette page 302 *Linguine aux émincés de bœuf et artichauts (600 cal)* • Un fruit ou un laitage
Mardi	• Poisson basquaise – 200 à 300 g de cabillaud ou de thon ou de saumon en tranche – accompagnement basquaise avec 500 g de tomates, poivrons, courgettes, aubergines, oignons… • Un laitage	• Recette page 192 *Penne au lit vert de foie de volailles (500 cal)* • Un fruit ou un laitage
Mercredi	• Steak tartare – 150 g de steak haché maigre à 5 % – 200 g de pommes de terre au four – sauce faite avec un jaune d'œuf, oignons, échalotes, câpres, moutarde, sel, poivre, ketchup • Un fruit	• Recette page 176 *Soupe de nouilles aux crevettes (450 cal)* • Un fruit ou un laitage
Jeudi	• Steak au poivre – 150 g de viande rouge au poivre – sauce déglacée avec 100 g de crème à 15 % • 300 g de pommes de terre au four	• Recette page 214 *Tagliatelle à la menthe au chèvre frais (500 cal)* • Un fruit ou un laitage
Vendredi	• 200 g de crudités, une cuillerée à café d'huile de noix • Deux œufs à la coque • 300 g de fromage blanc maigre avec 200 g de fruits coupés en morceaux	• Recette page 240 *Penne aux crevettes et brocolis (600 cal)* • Un fruit ou un laitage
Samedi	• Plateau de fruits de mer, à volonté en évitant pain, beurre et mayonnaise • Un sorbet	• Recette page 270 *Tagliatelle aux aiguillettes de canard et jus de poivrons rouges (500 cal)* • Un fruit ou un laitage
Dimanche	• Deux tranches de saumon (50 g) • Deux blinis et crème à 15 % • 150 g de blancs de poulet • Salade avec vinaigrette allégée	• Recette page 308 *Casareccia au filet de porc et émincés de poireaux (600 cal)* • Un fruit ou un laitage

Troisième semaine de régime		
	Premier repas	**Deuxième repas**
Lundi	• 250 g de filets de poisson braisé dans du jus d'orange ou du vinaigre • 500 g d'endives ou d'épinards cuits à la vapeur ou à l'eau • Un laitage	• Recette page 278 *Bucatini au lapin et aux girolles (600 cal)* • Un fruit ou un laitage
Mardi	• Restaurant chinois – assortiment vapeur – riz nature – fruit	• Recette page 264 *Lasagne à la fondue de saumon et poireaux (600 cal)* • Un fruit ou un laitage
Mercredi	• Une pierrade – 150 g de viande de bœuf maigre, poulet ou dinde, filets de canard – 400 g de légumes verts en crudités ou cuits à la vapeur – sauce avec yaourt ou crème	• Recette page 292 *Spaghettoni au poulet épicé et aux kiwis (600 cal)* • Un fruit ou un laitage
Jeudi	• Poisson riz – 150 g de crevettes – 150 g de croquettes de poisson pané surgelé – 70 g de riz (cru) • Un laitage	• Recette page 222 *Torsade à la feta et aux épinards (600 cal)* • Un fruit ou un laitage
Vendredi	• Viande légumes verts – 150 g d'escalope de veau – 300 g de haricots verts • Un fruit et un yaourt	• Recette page 250 *Linguine aux gambas, et émincés d'artichauts (550 cal)* • Un fruit ou un laitage
Samedi	• Poisson légumes – Papillote avec 200 g de saumon – Tomates au four avec un hachis d'ail et de persil • Un laitage	• Recette page 254 *Tagliatelle au homard safrané (600 cal)* • Un fruit ou un laitage
Dimanche	• Salade composée – 2 tranches de jambon – 20 g de gruyère en lamelles – 400 g de légumes verts selon votre choix (tomates, salade, pommes, poivron…)	• Recette page 170 *Bouillon d'agneau au paprika (500 cal)* • Un fruit ou un laitage

Les autres éléments du régime « pâtes et minceur »

➤ *Les boissons sont indispensables !*

Pour pousser, une plante a besoin d'eau et de l'énergie du soleil. Pour se construire et se renouveler, votre corps a besoin d'eau et de glucides. Il est fondamental de boire beaucoup durant les régimes qui privilégient les protéines. Dans l'idéal au moins deux litres par jour de liquide non calorique : eau, thé, café, tisanes, boissons light.

Deux verres de vin par jour ne peuvent pas nuire. Mais, si votre consommation est trop forte, limitez les quantités et diminuez votre ration de glucides d'un quart. En revanche, évitez les jus de fruits sucrés vite digérés, et préférez les fruits naturels.

Vous pouvez également boire du lait écrémé mais sans le sucrer si ce n'est avec de l'aspartame, ou aromatisé avec un cacao en poudre.

➤ *Les aliments de régime : une solution lorsqu'il est impossible de préparer un repas*

Deux ou trois fois par semaine, au grand maximum, les aliments en brique ou en boîte peuvent remplacer un repas et sauver votre régime. De nombreuses marques existent, mais elles ont des qualités très différentes. Demandez conseil à votre médecin ou à votre pharmacien et choisissez de préférence des produits liquides, ceux dont la composition est globalement la suivante :

- protéines : 20 g,
- glucides : 30 g,
- lipides : moins de 7 g,
- et un parfait équilibre de vitamines, sels minéraux et oligo-éléments.

Attention : ces produits de régime sont ponctuellement cohérents, mais leurs glucides sont rapides et si vous ne mangez que cela, vous manquerez de sucres lents et détournerez les protéines de leur rôle constructif. Pas plus de deux ou trois par semaine. Et méfiez-vous des fabrications commerciales vendues sans garantie ou par correspondance.

Vous pouvez également utiliser de temps en temps un plat minceur du commerce.

➤ *La consommation des laitages*

Les produits laitiers sont indispensables, même dans le plus strict des régimes, car ils sont une source irremplaçable de calcium. Il faut cependant éviter leurs graisses, notamment celle des fromages.

Choisir les bons laitages dans le régime « pâtes et minceur »	
CHOISISSEZ	**ÉVITEZ**
Lait demi-écrémé ou écrémé	Lait entier
Yaourts nature	Yaourts au lait entier
Yaourts à 0 % de matières grasses aromatisés aux fruits, éventuellement sucrés à l'aspartame	Yaourts aromatisés et sucrés
Fromages à tartiner à 25 %	Fromages traditionnels quels qu'ils soient car ils sont trop gras
Desserts lactés allégés à moins de 3 % de matières grasses	Produits lactés du commerce qui dépassent 3 % ou 4 % de matières grasses pour 100 g
Fromages blancs maigres	Fromages blancs nature ou au lait entier
Crèmes fraîches à 15 % de matières grasses ou moins	Crème fraîche normale ou artisanale

Les laitages sont des produits complets. Chaque fois que vous mangez 100 g de laitages, vous consommez en moyenne 4 g de protéines et 5 g de glucides, ce qui est tout à fait tolérable. Et vous pouvez aussi composer de savoureuses recettes en mélangeant des fruits coupés en morceaux avec un yaourt ou du fromage blanc.

Menez votre régime tout en continuant à vivre

Il serait facile de perdre du poids s'il n'y avait les amis, la famille, les enfants, les obligations sociales, les impératifs familiaux, les vacances, les week-ends… Dans tous les régimes, il faut se garder que l'échec vienne de l'ennui et de la monotonie d'une vie où la restriction serait le lot quotidien et permanent. Faire un régime comme on entrerait dans les ordres est une erreur. Si vous acceptez quelques invitations

Les précautions minceur lors des repas en ville

– Évitez de vous précipiter sur les amuse-gueule.
– Mangez en prenant garde aux graisses cachées (assaisonnement, jus de cuisson ou de liaison).
– Ne dédaignez pas les légumes ou les glucides lents.
– Ne vous resservez pas.
– Limitez la consommation d'alcool
– Et surtout mangez frugalement à l'autre repas, en donnant la priorité aux protéines et aux glucides lents, mais en divisant les quantités par deux ou trois.

en évitant les erreurs susceptibles de gâcher tous vos efforts, la seule conséquence sera un allongement de la durée de votre régime de quelques semaines. Cela n'a aucune importance puisque l'essentiel est la réussite finale. Consultez le tableau suivant pour éviter les erreurs.

Ce jour-là, vous ne maigrirez pas, mais vous ne grossirez pas ; et c'est le plus important. Cette attitude est également recommandée lors des périodes de vacances.

Comment relancer votre régime en cas de stagnation ?

➤ *Quelques jours de restriction*

Si malgré vos efforts, vous ne perdez plus de poids, c'est certainement parce que votre organisme s'est adapté. Prenez le taureau par les cornes et forcez votre amaigrissement. Pour cela, gardez les mêmes principes pendant trois ou quatre jours mais diminuez les quantités d'un tiers ou de moitié. Ce sera dur, mais vous bousculerez ainsi votre métabolisme en le plaçant en état de manque. Mais surtout, lorsque la perte de poids est relancée, ne restez pas dans la restriction et remontez votre alimentation au niveau préconisé dans le régime.

➤ *Faites du sport*

En cas de résistance à l'amaigrissement, le sport est un des meilleurs moyens pour relancer la perte de poids. Mais il ne faut pas manger davantage et effectuer plutôt des exercices d'endurance entre trois et cinq fois par semaine.

➤ *Attention aux petits dérapages*

Ils diminuent progressivement l'efficacité. Reprenez le cap en supprimant les petits écarts et approximations dont vous ne vous rendez peut-être pas compte.

Le régime « pâtes et minceur » fixe votre cadre alimentaire, mais son extrême variété alimentaire autorise à le prolonger sans danger durant des semaines. Étant donné qu'il vous apporte tout ce dont votre organisme a besoin, il n'y a pas de place pour le superflu, donc :

- Ne mangez pas davantage que les quantités préconisées, mais mangez-les. Sinon votre régime deviendra trop restrictif.
- Habituez votre organisme à faire de vrais repas ; respectez votre chronobiologie.
- Évitez de manger entre les repas. Lors d'un régime amaigrissant, une partie de l'alimentation est dans votre assiette et une partie est fournie par les graisses que vous perdez. Dans ces conditions, il n'y a aucun manque, aucune carence et vous n'avez pas faim. L'envie de grignoter vous tenaille lorsque votre organisme a besoin d'énergie. S'il ne la trouve pas, il va puiser sur vos réserves et vous maigrirez. Mais, si vous grignotez, même très peu, il économise les calories et refuse la perte de poids.
- Ne mangez plus rien après votre repas du soir. Méfiez-vous également des petits grignotages notamment dans la soirée ou avant le coucher. Vous devez savoir que la lipolyse (amaigrissement) a lieu la nuit et qu'il suffit d'un petit grignotage mal placé pour l'interrompre. Votre organisme se met alors à économiser et ne maigrit plus. En revanche, vous pouvez et même vous devez boire.

Un régime ne devient efficace qu'au bout de trois voire quatre jours. Inutile de vous imposer des moitiés de régime durant des mois. Trouvez-vous des périodes de quatre ou cinq jours minimum pendant lesquelles vous serez très strict, et les autres jours, concentrez-vous pour ne pas faire d'erreurs qui gâcheraient tout. Vous arriverez ainsi à maigrir par étapes.

Et n'oubliez pas qu'on ne perd pas de poids tous les jours, mais au fil du temps et de la constance de ses efforts.

Après le régime : des pâtes au service de la minceur permanente

Dans l'esprit du plus grand nombre, envisager un régime c'est se préoccuper d'amaigrissement et restreindre sa prise alimentaire. Mais cela se fait le plus souvent au détriment de sa forme et de son moral, car on n'a sans doute pas encore trouvé le régime idéal : celui qui ne déprime pas, qui s'intègre dans l'équilibre alimentaire et stabilise le poids de forme.

Les pâtes sont des glucides lents, et elles ont leur place dans ce régime idéal parce qu'elles s'inscrivent dans une alimentation normale. Si vous avez réussi à gérer votre amaigrissement, il est inutile de vous casser la tête avec une réalimentation pas à pas. Vous devez :

- garder une alimentation équilibrée selon nos critères et nos recettes ;
- maintenir les protéines à un bon niveau, au moins 60 à 80 g par jour ;
- manger des glucides lents tous les jours et des pâtes le plus souvent possible ;
- limiter les graisses ;
- reprendre le régime « pâtes et minceur » en cas de prise de poids inopinée.

De cette façon, vous vivrez normalement en maintenant votre esthétique. Les pâtes, qui calment efficacement votre faim métabolique, vous permettront d'éviter une grande partie des erreurs habituelles. Elles seront vos meilleurs alliés pour rester mince à condition de bien suivre les principes qui régissent nos recettes.

Les avantages du sport lors d'un régime

Le sport ne fait pas maigrir, ou alors il faudrait en faire vraiment beaucoup. Il n'est pas non plus obligatoire. On peut même aboutir à l'effet inverse si, par excès de bonne conscience, on se permet quelques écarts alimentaires, d'autant que le sport, en enlevant le stress, fait chuter la dépense calorique dans les heures suivantes.

En revanche, la pratique d'une activité physique associée au régime présente de nombreux avantages et sera votre meilleure alliée pour la victoire :
• le métabolisme est meilleur car le corps s'adapte moins à la restriction ;
• à ration égale, on peut considérer que le sport peut faire gagner 15 % à 20 % d'amaigrissement ;
• il évite la fonte musculaire qui accompagne les régimes trop restrictifs.

Mais le plus grand avantage du sport est qu'il diminue considérablement la reprise de poids. Une étude comparative menée chez deux groupes d'obèses a mis en évidence qu'après une perte de 14 kilos, dont 2,6 kilos de masse maigre, on assiste à :
• une reprise moyenne de 8 kg de graisse et 1,2 kilo de masse maigre quand on ne fait pas d'exercice ;
• une reprise de 3,7 kilos de masse grasse seulement quand on poursuit ses exercices physiques. La masse maigre reste très équivalente.

➤ *Quels exercices pratiquer ?*

Dans l'idéal, il faut s'astreindre à une activité physique régulière, d'intensité et de durée modérée, plutôt qu'à des séances irrégulières et intenses. Pour être complet et efficace, il faut pratiquer deux sortes d'exercices :

• trois séances d'endurance par semaine permettant d'augmenter la dépense énergétique, de brûler les graisses et de diminuer la masse grasse tout en tonifiant le cœur et en maintenant la forme physique sans altérer la masse maigre (20 minutes de jogging ou de vélo, 10 minutes de rameur d'appartement ou de stepper, 30 minutes de natation) ;

• en alternance, trois séances par semaine de musculation générale sollicitant un maximum de muscles et améliorant la qualité musculaire.

Ce programme est idéal mais pour beaucoup utopique. Contentez-vous de vous en approcher au maximum. Et, si vous n'avez pas le temps (ni l'envie) de pratiquer un sport, réalisez quelques exercices fractionnés dans la journée. Marchez, oubliez l'ascenseur et faites les mouvements prescrits de chaque recette. Si peu que ce soit, ces mouvements vous habitueront à prendre conscience de votre corps dans la vie quotidienne. Ils augmenteront votre dépense énergétique et tonifieront vos muscles. Plus vous en ferez, plus vous serez à l'aise. Contraints, ils deviendront réflexes.

CHAPITRE 4

Côté forme

Vingt millions de Français s'adonnent à une activité sportive dont la moitié au sein de clubs. Dans le sport, la passion conduit souvent à aller au bout de soi-même pour se dépasser. Mais il faut savoir raison garder, apprendre à gérer son corps, et lui donner l'énergie nécessaire pour effectuer ses exercices dans de bonnes conditions. L'apport diététique des pâtes est évident.

Mais ce que l'on connaît moins, c'est l'impact des pâtes sur les facultés intellectuelles et sur le moral. L'optimisation de votre forme passe par le corps et l'esprit et… par les pâtes.

Les recettes de ce livre sont parfaitement équilibrées pour cela. Naturellement, tout en respectant les proportions des aliments afin de conserver une gastronomie maximale, les sportifs peuvent augmenter les quantités selon leurs besoins.

La place des pâtes dans les repas du sportif

Les pâtes sont l'aliment universellement recommandé pour tous ceux qui font du sport ! Bien entendu, le régime sera très différent d'un sport à l'autre, en fonction du but recherché, de l'intensité, de la participation ou non à des compétitions. Mais un sportif de haut niveau ne fournit pas nécessairement plus d'efforts qu'un sportif du dimanche qui veut progresser ou un compétiteur moyen s'efforçant de battre un adversaire.

Il n'y a pas de petite ou de grande pratique sportive, pas de petite ou de grande diététique, même s'il n'est pas question de vous soumettre au régime draconien d'un coureur du Tour de France ou d'un athlète olympique.

➤ *Des pâtes pour gagner*

La diététique et la micronutrition sont pour une part importante dans l'exceptionnelle amélioration des performances sportives de ces quarante dernières années. Elles constituent le dopage naturel qui améliore les capacités physiologiques de l'organisme et fait partie intégrante de la préparation biologique du sportif, au même titre que l'entraînement physique et la préparation psychologique.

L'énergie immédiate des efforts brutaux : la créatine

L'énergie des exercices intenses est fournie par les réserves de créatine musculaire. Elles sont faibles, mais instantanément mobilisables pour se livrer à un exercice d'environ cinq à dix secondes tel que l'haltérophilie, le lancer, le saut, les courses de vitesse ou pour accélérer le rythme pour le sprint final. La créatine musculaire se reconstitue rapidement après l'effort : c'est la filière anaérobie alactique, que certains sportifs tentent d'améliorer en se dopant à la créatine.

Au-delà de quinze à vingt secondes, le mécanisme suivant devient prépondérant.

L'énergie des efforts intenses : les pâtes et le glycogène

Lors d'une course de quatre cents mètres par exemple, l'organisme n'a pas le temps de prendre son rythme de croisière et il doit fonctionner sur les réserves énergétiques des muscles et du foie : le glycogène, un glucide complexe, formé de milliers de molécules. L'organisme en contient environ 600 à 800 g.

Quand l'effort est brutal, la dégradation du glycogène, appelée glycolyse, se fait sans intervention d'oxygène ; on dit qu'elle est anaérobie. Elle libère rapidement une grande quantité d'énergie, mais c'est une voie métabolique en impasse et incomplète, aboutissant à l'accumulation d'un déchet dans les muscles : l'acide lactique, responsable de crampes, douleurs et tétanie musculaire, puis de courbatures les jours suivants.

En fonction de leur intensité et de leur difficulté, ces efforts peuvent être maintenus entre vingt secondes et deux minutes. Une fois les réserves épuisées, le sportif ressent plus ou moins rapidement un épuisement qui peut être total. À l'arrêt de l'exercice, l'essoufflement est important car l'organisme tente de régénérer son énergie en oxygénant les tissus.

C'est la filière anaérobie lactique qui caractérise les efforts de « résistance ». Le principal facteur limitant est l'importance des réserves en glycogène et la capacité de l'organisme à les mettre en œuvre. La diététique est fondamentale. Les pâtes sont l'aliment de choix.

L'énergie des efforts prolongés : le glycogène puis les graisses

Ce sont les exercices pendant lesquels l'oxygène apporté par l'hyperventilation respiratoire permet une dégradation complète et efficace des substrats énergétiques.

• Au repos, les muscles utilisent des glucides apportés par l'alimentation, mais aussi du glucose provenant des acides aminés et des acides gras.

• Lors de la montée en puissance, la glycolyse aérobie devient prépondérante. Grâce à l'oxygène, le glycogène est complètement dégradé et permet de prolonger l'effort relativement longtemps. Mais, même si les stocks sont au maximum, le glycogène n'a qu'une capacité limitée dans le temps.
• Les acides gras libres sont parallèlement mobilisés, mais leur mise en route demande une dizaine de minutes d'effort.
• Au bout de vingt à trente minutes, les cellules graisseuses de réserve sont dégradées et participent à la fourniture de l'énergie. On peut alors directement maigrir avec le sport.
• Naturellement, lors d'efforts prolongés comme le marathon ou le cyclisme, il est indispensable d'absorber de l'eau et des aliments énergétiques au cours de l'exercice.
• Les protéines peuvent elles aussi être brûlées comme énergie, mais dans de petites proportions, excepté si les réserves en glycogène sont faibles. Ce mécanisme est très préjudiciable pour l'organisme car il détruit les muscles. Encore un argument pour soigner sa diététique.

Caractéristiques d'efforts sportifs

Qualité de l'effort	Phases	Durée de l'effort	Filière énergétique
Bref et violent	Phase anaérobie alactique	5 à 20 secondes	Dégradation de la créatine phosphate
Intense : (résistance)	Glycolyse anaérobie (installation rapide)	20 à 60 secondes	Dégradation rapide et incomplète du glycogène
Prolongé : (endurance)	Glycolyse aérobie (installation lente)	Au-delà de une à deux minutes	Dégradation totale du glycogène puis des lipides

De nombreux paramètres vont intervenir lors de ces efforts aérobies : la résistance physique à l'essoufflement, mais aussi la richesse du sang en globules rouges (expliquant l'utilisation de l'EPO pour se doper), la capacité cardiaque, l'aptitude à encaisser les efforts. Si l'exercice est important, la production de chaleur peut représenter jusqu'à 75 % de l'énergie consommée. Ce rendement mécanique étant nettement amélioré par l'entraînement.

➤ *Des pâtes pour optimiser ses réserves de glycogène*

Tout sportif se livrant à fond va puiser dans ses réserves, même s'il n'obtient pas les performances d'un champion. Un régime approprié permet de doubler ou de tripler les stocks de glycogène qui doivent être portés à leur maximum avant l'effort pour éviter ou tout au moins retarder la défaillance. Ils doivent aussi être reconstitués après la séance afin de favoriser la récupération et la reprise de l'entraînement dans de bonnes conditions. L'énergie doit être préférentiellement fournie par les glucides lents et notamment les pâtes qui ont un index glycémique parfait, ni trop lent, pour être bien digérées, ni trop rapide, pour permettre des échanges énergétiques prolongés.

Avant la compétition : des pâtes

Dans les conditions extrêmes, les sportifs de haut niveau qui vont soutenir un effort prolongé, se soumettent à ce que l'on appelle le *régime dissocié scandinave* qui a pour but de charger au maximum les réserves en glycogène.

• *Première étape : épuiser les réserves en glycogène*

Une semaine avant la compétition, ils effectuent un effort maximal, et les trois jours suivants, ils adoptent un régime pauvre en glucides, mais riche en protéines et en lipides qui représentent 80 % de l'alimentation.

• *Deuxième étape : la recharge en glucides*

Lorsque le glycogène est au minimum, ils s'astreignent à un régime inverse très riche en glucides, allant jusqu'à 70 % de la ration alimentaire qui elle est normalement de 55 %. Ils consomment alors d'importantes quantités de sucres lents, essentiellement des pâtes, plusieurs centaines de grammes par jour qui vont recharger leurs réserves de glycogène. Par phénomène de surcompensation, le niveau atteint sera supérieur à celui qu'ils auraient obtenu s'ils avaient conservé leurs stocks.

• *Troisième étape : la préparation ultime*

Huit heures avant la compétition, ils portent le glycogène à son maximum en ingurgitant un repas comprenant la valeur de 200 à 500 g de pâtes crues. Un dernier repas moins copieux devra être terminé trois heures avant la compétition. Il comprend lui aussi 70 % de glucides lents (pâtes, pommes de terre à chair ferme, riz, un fruit), un laitage, un aliment protidique, viande ou poisson. Il suffit ensuite de maintenir des apports réguliers de boissons sucrées afin d'éviter la déshydratation et l'hypoglycémie jusqu'au moment de la compétition.

Bien entendu, ce régime ne s'adresse qu'aux sportifs de haut niveau dans un but compétitif, mais vous pouvez vous en inspirer car c'est la démonstration la plus éclatante de l'intérêt de la diététique et surtout des pâtes.

Après la compétition : des pâtes

Dans, les minutes qui suivent l'effort, il est indispensable de se resucrer avec des boissons qui apportent du glucose (entre 60 et 100 g de glucides par litre). Elles permettent une synthèse rapide d'une partie du glycogène.

Mais, dans les heures et les jours qui suivent, il faut fournir à l'organisme des protéines et des glucides et, ici encore, les pâtes sont l'aliment de choix permettant une restauration des stocks en deux ou trois jours.

➤ *Des pâtes pour développer ses muscles*

Sans rentrer dans les excès des culturistes qui pour « faire du muscle », ingurgitent des quantités colossales de protéines, le sportif doit faire face à la dégradation accélérée de son corps et développer sa masse musculaire. Pour cela, il faut accroître les apports protidiques tout en gardant des proportions raisonnables : 1,5 g par kilo et par jour semble adapté dans la majorité des cas, et sauf exception, il vaut mieux ne pas aller au-delà de 2 g.

En pratique, il convient d'augmenter l'alimentation globale, mais en respectant l'équilibre alimentaire ancestral que nous avons défini page 53. Les protéines doivent représenter 15 % des apports, qui vont varier en fonction de l'activité physique. Ici encore, la composition des pâtes est idéale, puisqu'elles contiennent presque 15 % de protéines, soit le pourcentage recommandé pour l'équilibre alimentaire. Associées comme dans nos recettes à d'autres aliments dont la qualité protidique est complémentaire (viandes, poissons, laitages, légumes secs), elles fourniront l'énergie et les matériaux constructeurs.

➤ *Calcul de la dépense énergétique due aux activités sportives*

Les chiffres qui suivent sont valables pour des sportifs de bon niveau, mais ils vous permettront de calculer vos dépenses énergétiques, pas toujours si importantes que certains veulent le croire. Pour les sportifs moins performants, il faut majorer ces dépenses de 20 % environ.

Dépenses caloriques lors des exercices sportifs	
Activité physique, sportive ou de loisir	**Dépense énergétique (puissance)**
Football, rugby, handball, aviron, tennis, course à pied, cross-country, ski de fond, squash, natation de compétition, marche de compétition, cyclisme	500 W et plus (homme) 450 W et plus (femme)
Cyclotourisme, footing, natation amateur, patinage, ski, boxe, escrime, water-polo, basket, tennis de table, volley-ball, marche rapide, canoë kayak, judo, karaté	350 à 500 W (homme) 250 à 450 W (femme)
Golf, boules, équitation de loisir, jardinage, tir, ping-pong, voile, randonnée pédestre	175 à 350 W (homme) 140 à 180 W (femme)
Sédentaire	175 W (homme) 150 W (femme)

Source : Afssa

Pour calculer la dépense calorique, il suffit de multiplier la puissance par le nombre de secondes d'exercice puis de diviser par 4 180.

- 60 minutes (3 600 secondes) de footing à bonne allure permettent de dépenser :
  500 W × 3 600 s/4 180 = 450 calories ;
- 4 heures de golf vous coûteront :
  250 W × 4 h × 3 600 s/4 180 = 860 calories ;
- un 1 500 mètres couru en cinq minutes assure une dépense de :
- 800 W × 300 s/4 180 = 60 calories.

Naturellement, les dépenses réelles seront très largement dépendantes de l'intensité de l'effort, de la chaleur, de la transpiration et d'autres paramètres encore. Globalement, vous pouvez estimer qu'une heure de sport quotidienne vous fait dépenser 300 calories.

➤ *En guise de conclusion*

Le sportif doit se démarquer de l'alimentation moyenne des Français, trop grasse et trop riche, et, avant tout, observer les règles de l'équilibre alimentaire :
• peu de graisses en limitant les aliments gras, les charcuteries, les crèmes et les sauces comme nous le faisons dans nos recettes ;
• une bonne quantité de protéines ;
• beaucoup de sucres lents, donc de pâtes qui permettent d'équilibrer sa ration pour être au maximum de la performance ;
• peu de sucres rapides.

Il doit par ailleurs :
• augmenter sa ration en fonction de l'importance et de l'intensité de ses exercices physiques, essentiellement par la consommation de pâtes ;
• s'astreindre à une discipline qui lui permette de conserver ses stocks de glycogène à leur maximum, tout en surveillant son poids, naturellement !

Les pâtes pour soutenir les efforts intellectuels

Nous sommes en 1957, Marilyn Monroe a épousé Arthur Miller. Armagansett, sur la presqu'île de Long Island, est le refuge du célèbre couple. Ils alternent les promenades le long de la mer, avec pour Miller l'écriture, pour Marilyn la cuisine. Pour soutenir les efforts intellectuels de son mari,

Marilyn essaie les recettes de la mère d'Arthur et se lance dans la fabrication de pâtes fraîches. Pour les sécher, elle les installe sur les dossiers des sièges et dirige sur elles le souffle de son séchoir à cheveux !

Des observations récentes ont confirmé l'effet bénéfique des sucres lents et en particulier des pâtes sur le moral et sur les facultés intellectuelles. D'un côté, diverses enquêtes montrent que les femmes semblent de plus en plus souffrir de problèmes de concentration, de mémoire et de fatigue, d'un autre côté, les chercheurs ont constaté que l'alimentation des femmes a profondément changé depuis une dizaine d'années : davantage de café et de sucres rapides, moins de céréales, moins de pâtes. N'y a-t-il pas une relation entre ces problèmes et l'alimentation ? Les faits sont là et il devient urgent de s'interroger.

➤ *Des pâtes pour l'énergie des neurones*

Le cerveau ne représente que 2 % de notre corps, mais il est sans cesse en éveil et il a besoin de beaucoup d'énergie pour être performant. Il la trouve dans le sucre, exclusivement du glucose qu'il brûle au fur et à mesure de ses besoins grâce à l'oxygène transporté par le sang. Pour satisfaire sa gourmandise, il faut lui apporter la valeur d'un morceau de sucre par heure soit au moins 100 g de glucides lents par jour, qui représentent environ le tiers des apports nutritionnels conseillés.

Comme il n'a que très peu de réserves énergétiques, à peine de quoi tenir deux ou trois minutes, il n'est pas étonnant que la qualité de notre alimentation conditionne notre rendement cérébral. Faute de glucose, il faiblit et apporte son cortège de troubles : difficultés de concentration, lassitude qui tirent nos traits… Lorsque l'hypoglycémie survient, le malaise n'est pas loin.

Il est donc primordial de tout faire pour perfuser le cerveau avec un sang riche en glucose dans lequel il va facilement prélever son énergie et nous offrir ses meilleures performances. Cent grammes de pâtes crues apportent environ 70 g de sucres lents qui permettent un contrôle adéquat de la glycémie et seront lentement distillés vers le cerveau.

De ce fait, les personnes qui mangent davantage aux deux repas principaux ont une puissance de travail plus grande. À l'inverse, les femmes, qui ont tendance à picorer, ressentent le besoin de faire des pauses pour grignoter ou boire des sodas. Elles absorbent des sucres rapides qui leur donnent un coup de fouet puisque l'absorption est rapide, mais le TGV est rapide déclenchant plus ou moins vite un coup de pompe et… dans la mesure où le soda est sucré, de la cellulite !

➤ *Les pâtes pour éviter le stress et garder sa bonne humeur*

Les chercheurs en micronutrition sont unanimes pour dire que l'ingestion de glucides produit des effets analogues aux médicaments antidépresseurs. Elle induit une sécrétion d'insuline qui favorise à son tour la sécrétion d'une autre hormone dans le cerveau : la sérotonine, un neurotransmetteur qui apaise les sens, joue un rôle fondamental dans l'humeur, pour diminuer le stress, les pulsions négatives et l'agressivité. Son taux est bas chez les anxieux, c'est la raison pour laquelle certains antidépresseurs visent à augmenter le taux de sérotonine dans le sang : ce sont les sérotoninergiques, dont le chef de file est le Prozac.

Mais les sucres rapides ont un effet immédiat et éphémère (voir p. 37), conduisant rapidement à l'hypoglycémie et à la baisse de sérotonine induisant un stress et, plus prosaïquement, une envie irrésistible de manger. À l'inverse, les glucides lents et complexes tels que les pâtes délivrent un apaisement long et durable, n'incitant pas à se précipiter sur de nouveaux aliments sucrés dès que la digestion est terminée.

Les pâtes sont de surcroît riches en tryptophane, qui est l'acide aminé précurseur de la sérotonine. Grâce à la perfection de leurs effets sur le métabolisme glucidique, les pâtes vont donc réguler la sécrétion de sérotonine et la maintenir à un niveau suffisant pour éviter les sautes d'humeur et le risque de se servir de la nourriture comme une compensation affective. Effet d'autant plus efficace qu'elles contiennent des vitamines B6 et B9, indispensables à la transformation du tryptophane en sérotonine.

Les produits laitiers contiennent du tryptophane. Cela démontre encore combien le parmesan a un rôle important sur l'humeur des Italiens, d'autant qu'il renferme 1 650 milligrammes de calcium et 990 de phosphore. De plus, la tyrosine, acide aminé présent dans l'œuf, augmente le taux de noradrénaline qui stimule la motivation.

Si vous ne voulez pas tomber dans la morosité, et garder un « moral d'acier », mangez des pâtes saupoudrées de parmesan au lieu de vous jeter sur les sucreries qui ont une action éphémère et pour conséquence une prise pondérale à long terme. Elles vous euphoriseront, vous empêcheront de grignoter et vous permettront de poursuivre votre activité plus longtemps… surtout si vous les choisissez aux œufs !

Notre bonne humeur dépend donc, aussi, des aliments ingérés et de la façon dont nous les mangeons. Pour éviter de mal digérer, il faut déguster dans le calme et mastiquer suffisamment. Pour limiter le stress, il convient de respecter son horloge biologique : c'est la chronobiologie qui induit les sécrétions digestives à certains moments de la journée et conduit au sommeil à d'autres.

Bien choisir ses recettes aide donc à garder le moral tout au long de la journée. Les *lasagne à la fondue de saumon et poireaux* (voir p. 264) par exemple, des pâtes saupoudrées de persil, agrémentées d'émincés d'artichauts, ponctuées d'un soupçon d'avocat sont les alliés de votre forme (voir *lasagnette aux encornets et artichauts* p. 198 ; *tagliatelle aux artichauts et févettes en tuiles de parmesan*, p. 210 ; *linguine au poulet et à l'avocat*, p. 288).

Les pâtes : la vigilance et la mémoire tout au long de notre vie

Si les pâtes sont l'aliment de la performance sportive, elles sont aussi celui de la performance intellectuelle. Des études ont en effet démontré que les glucides lents permettent essentiellement d'améliorer les tests de mémoire, mais aussi les capacités de discrimination et de vigilance.

Chez les personnes âgées

Des expériences semblent indiquer que la détérioration du métabolisme du glucose est corrélée avec les troubles intellectuels dus à l'âge. Les mécanismes d'action sont encore méconnus. Le glucose pourrait favoriser la synthèse ou la libération d'acétylcholine dans certaines régions clés du cerveau, comme l'hippocampe, où se concentrent les facultés de mémoire.

Cependant, il ne suffit pas de prendre des sucreries, réflexe banal et trop souvent fréquent dans la population âgée, pour améliorer ses capacités intellectuelles fondamentales. Ce serait trop beau ! On doit avant tout se méfier de la mauvaise alimentation qui fait baisser la glycémie, prive le cerveau de carburant et perturbe son rendement. Faciles à préparer et à manger, les pâtes sont l'aliment de choix.

Chez les jeunes

Chez les sujets jeunes, les occasions de provoquer des carences sont multiples : repas mal équilibrés, consommation exclusive de sucres rapides, petit déjeuner insuffisant, repas sautés, exercices sportifs à jeun qui épuisent les réserves… Avec une inconscience dérisoire, nous sollicitons le cerveau de nos enfants pour accomplir des miracles, alors même que nos comportements alimentaires déraisonnables lui refusent les calories dont il a un impératif besoin. Et avec une insouciance parentale coupable, un tiers des écoliers français partent à l'école sans petit déjeuner, s'exposant ainsi aux célèbres « coups de pompe » de onze heures pourvoyeurs de malaises et de mauvaises notes. Les sucres lents sont là encore très efficaces. Outre leur action parfaite sur la glycémie fournissant l'énergie pour plusieurs heures, ils régularisent la sécrétion de sérotonine, stabilisent l'humeur et permettent une vigilance sans faille.

La conclusion est imparable : pour maintenir les performances, on doit équilibrer la glycémie, et pour cela, manger des céréales plusieurs fois par jour : des pâtes, naturellement, mais aussi du pain et des corn-flakes le matin, du riz ou des pommes de terre à d'autres moments. Ce sont de véritables flacons de perfusions qui apportent au cerveau son goutte-à-goutte énergétique lui permettant une vigilance sans faille, un éveil permanent tout au long de la journée et de la nuit.

Les pâtes et le sommeil

Les mécanismes du sommeil sont encore mal connus, mais il semble déclenché par une hormone sécrétée par le cerveau. En principe, la sécrétion de la mélatonine commence quand le jour s'achève et cesse quand la nuit prend fin.

L'effet bénéfique de perfusions de glucose sur le sommeil paradoxal a été démontré chez le rat. Il semble donc que l'absorption d'un plat de glucides lents apaise et prépare à un sommeil réparateur. Cet effet est renforcé par la prise conjuguée d'acide gras essentiel, notamment les oméga-3 qui favorisent la synthèse de la mélatonine.

Vous avez donc intérêt à confectionner une salade de pâtes à l'huile de noix le soir, ou faire précéder votre plat de pâtes d'une salade assaisonnée de cette même huile, riche en oméga-3.

La présence dans les pâtes des vitamines du groupe B, notamment la B6 et la B9, de tryptophane et de magnésium étant des atouts supplémentaires pour favoriser des nuits câlines et sereines. D'autant que leur digestibilité parfaite renforcée par une bonne mastication vous évitera de vous coucher le ventre lourd.

CHAPITRE 5

Côté beauté

Le regard masculin ne juge pas la femme qui le trouble : l'éveil amoureux ne s'arrête pas à des détails et même un corps imparfait devient érotique, lorsqu'il est désiré. Un homme ne remarque pas, chez la femme qu'il aime, les défauts ; à l'inverse, il s'émeut à l'extrême de ses qualités. Cependant, même si elles se sentent aimées et sûres d'elles, la plupart des femmes prennent légitimement garde aux effets du vieillissement, notamment sur la peau.

Préserver la beauté de son corps et de son visage demande un soin constant, auquel une alimentation correspondant à des critères précis pourra efficacement participer. C'est tellement évident que, de plus en plus, se développe un peu partout une cosmétique qui utilise les ingrédients alimentaires pour ses produits de soins… comme à Venise.

C'est une boutique installée depuis quatre ans aux portes du ghetto. Elle existe toujours. On dirait une épicerie. Pourtant, ici, ce ne sont pas des produits alimentaires qu'on achète au poids et à la louche, mais des crèmes de beauté. Tout est propre, réfrigéré et fabriqué avec des produits naturels. Fondu, le carré de chocolat devient un masque qui apporte du magnésium à la peau. Étalée, la portion de fromage est une crème bourrée de calcium. C'est dire l'importance de l'alimentation sur le teint. Et ce n'est pas d'aujourd'hui.

Le rôle de l'alimentation dans un concept de beauté

Au XVIIIe siècle, le grand séducteur vénitien Giacomo Casanova soigne sa santé mais aussi sa peau. Il lave son visage avec de l'eau de plantain. C'est ainsi qu'il se taille des succès mondains, notamment auprès de la duchesse de Chartres qui a des boutons. Il la met au régime et lui conseille de se laver matin et soir avec son eau de plantain : cette herbacée vivace est réputée pour ses propriétés cicatrisantes. Hier la mode était aux eaux, aujourd'hui elle est aux toniques. La plupart contenaient des plantes comme de nos jours. Le thé vert a simplement remplacé le plantain dans nos lotions.

Notre beauté dépend de la cosmétique, c'est une évidence, mais aussi et surtout de ce que nous mangeons. À l'époque de Casanova, les médecins notent que les gens de la campagne se portent mieux que les citadins. Ils se régalent des légumes et des fruits de leur jardin. En fait, ils mangent des produits gorgés de vitamines qui les protègent naturellement. Les peintures de l'époque montrent leurs joues rebondies, à croquer, certains diront rougeaudes. Qu'importe, les paysans respirent la bonne santé. Les médecins sont tous d'accord sur ce point : manger sain pour que les fibres ne se relâchent pas.

➤ *Les pâtes au centre de l'équilibre alimentaire de la beauté*

Les biologistes l'ont aujourd'hui démontré, mais les cosmétologues le savaient depuis longtemps : tous nos organes se régénèrent sans cesse, à des vitesses différentes, bien entendu, mais c'est un phénomène permanent. Ces tissus en perpétuelle évolution ont besoin de matériaux adaptés, apportés par l'alimentation afin de compenser la perte provoquée par ce renouvellement. S'ils viennent à manquer, les cellules sanguines et nerveuses, celles de nos organes, les hormones et divers systèmes enzymatiques sont favorisés. Ce favoritisme va très loin puisque, lorsque la carence se prolonge, l'organisme diminue le renouvellement de certains tissus et, si le besoin devient impératif, il va même se servir sur ses principaux réservoirs de nutriments — la peau et les muscles — qui vont pâtir des carences alimentaires.

Or ces deux tissus sont le principal miroir de notre esthétique et l'on est souvent frappé par l'aspect de la peau chez ceux dont l'alimentation est déficiente ou déséquilibrée : elle est à la fois fine et rugueuse, de mauvaise qualité. Mais on assiste à une nette amélioration lors du redressement alimentaire. Les cellules cutanées et musculaires, qui se renouvelaient lentement et servaient de réserve, vont pouvoir à nouveau se régénérer à leur vitesse maximale. C'est tout l'intérêt d'une bonne alimentation sur la beauté : permettre un parfait entretien de la peau et des muscles.

Nous retrouvons là un nouvel atout des pâtes. Car, outre leurs qualités intrinsèques, les pâtes sont l'un des aliments les plus favorables à l'absorption des nutriments indispensables au renouvellement des cellules cutanées.

Un teint de pêche

Parmi les facteurs qui peuvent endommager la peau, les acides gras saturés et les sucres rapides sont nos pires ennemis. En effet, plus nous mangeons gras et sucré, moins notre teint est lumineux. Dans la mesure où les pâtes sont cuites avec peu de graisse, elles n'encrassent pas l'organisme et, si elles sont accompagnées de légumes, elle apportent des vitamines antioxydantes qui permettent de lutter contre les agressions : soleil, vent, pollution, tabac.

➤ *Le bénéfice des légumes*

Comme nous l'avons vu, les glucides représentent le nutriment majeur de notre alimentation puisque nous en absorbons en moyenne 300 g par jour, soit 55 % de nos apports. Les glucides contenus dans les végétaux apportent essentiellement une énergie instantanée, qui brûle au fur et à mesure des besoins. Nettoyeurs de la planète, poumons de notre existence, les plantes sont aussi les architectes de la synthèse de notre vie. Elles absorbent le gaz carbonique, retiennent le carbone et rejettent l'oxygène, fabriquant au passage les hydrates de carbone que sont les glucides. Fruits, légumes, pain, pâtes, féculents, sucre (betterave, canne à sucre), alcool (houblon, raisin, malt, orge) sont essentiellement composés de glucides et de quelques protéines. Les légumes secs, les pâtes, le soja et les oléagineux étant les meilleures sources de protéines végétales.

Mais, dans la chaîne alimentaire, les fruits et légumes ont aussi pour rôle de fixer tous les nutriments, vitamines, sels minéraux et oligo-éléments qui sont présents sur notre planète et qui vont se retrouver à des degrés divers dans les animaux et les êtres humains.

Pas de construction organique sans ces nutriments essentiels, aucun moyen de créer ou de préserver sa santé et sa beauté sans les fruits et les légumes.

Dans ce contexte, le plat complet est intéressant car il permet l'apport d'acides gras et d'acides aminés essentiels, de légumes et de protéines de qualité, tout ce dont la peau a besoin pour freiner le processus du vieillissement. Et comme dans nos recettes nous conseillons d'enlever la peau des volailles et de dégraisser soigneusement les viandes, nous mettons toutes les chances de votre côté pour dynamiser votre beauté. Enfin, puisque les pâtes réduisent la prise de sucre rapide en évitant le grignotage, elles sont à de multiples égards, les alliées de votre peau.

➤ *Choisir les bonnes graisses*

Cependant, si l'un de vos objectifs est de fuir les graisses, prenez conscience qu'elles ne sont pas toutes nuisibles et que la peau a aussi besoin de bons acides gras pour conserver un bel aspect. Ce sont les acides gras essentiels qui, contrairement aux graisses, ne sont pas saturés chimiquement et vont participer à la construction de nos tissus.

Parmi ceux-ci, on trouve les acides gras polyinsaturés dont font partie les oméga-6 et les oméga-3. Ils sont apportés par les huiles végétales :

• de colza, soja et noix pour l'acide oméga-6 ;

• d'olive, de tournesol et de maïs pour l'acide oméga-3. Il faudrait en absorber 10 g par jour en variant les huiles, soit la valeur d'une cuillerée à soupe, faute de quoi, on a la peau qui « tire ». Cet inconvénient touche un grand nombre de Françaises comme le montre le tableau suivant.

Les femmes dont la peau est sèche	
Les Allemandes	39 %
Les Françaises	32 %
Les Italiennes	26 %

Enquête Clarins, 2001.

Les Italiennes sont en bonne place puisqu'elles mangent toujours des pâtes assaisonnées d'huile d'olive. En voyage en

Italie dans la seconde moitié du XIXe siècle, Théophile Gautier s'étonnait déjà de la beauté éclatante des Vénitiennes et surtout de la magnificence de leurs cheveux, enroulés sur leurs nuques longues.

En effet, les acides gras polyinsaturés sont utiles à la beauté de notre peau. Ils permettent le renouvellement des cellules et participent à l'élaboration de la couche cornée. On les trouve dans les huiles. C'est la raison pour laquelle nous préconisons l'huile de noix pour les salades de pâtes car elle contient des oméga-3. En revanche, les cuissons sont conduites à l'huile d'olive, plus stable à la chaleur et pourvoyeuse en oméga-6.

Mais on trouve aussi des acides gras essentiels dans les poissons gras. Le thon, le saumon, les sardines, notamment, contiennent des oméga-3. Ne vous privez pas du *millefeuille de lasagne au saumon écarlate* (voir p. 262) pourvoyeur d'acides gras nécessaires à la conservation de votre capital beauté.

➤ *La peau et la vitamine E*

De plus, les huiles contiennent de la vitamine E qui est un excellent antioxydant naturel. Cette vitamine — dite aussi « tocophérol » — protège les acides gras insaturés de l'oxydation. Elle entretient nos cellules, leur conférant de la souplesse et évitant la kératinisation. En effet, un manque d'acide gras entraîne non seulement le dessèchement de la peau, mais favorise aussi l'eczéma et la perte des cheveux. La vitamine E est présente dans de nombreux aliments :

- huile de noix ou noisette,
- poissons gras,
- fruits à écale comme les amandes, les pignons, les pistaches, les noix et les noisettes,
- graines de céréales en général et, *a fortiori*, les pâtes.

On trouve aussi de la vitamine E dans certains légumes, comme le montre le tableau suivant.

Légumes riches en vitamine E (pour 100 g)	
Épinard	2,5 mg
Persil	6 mg
Poivron	2 mg
Poireau	1 mg
Fenouil	1 mg
Asperge	2,5 mg
Artichaut	2 mg

Si nous avons choisi ces légumes pour nos recettes, c'est qu'ils sont riches en vitamine E. L'ail, que nous ajoutons souvent dans nos pâtes, est assez riche en vitamine E. Lui aussi lubrifie vos cellules.

➤ *La vitamine A*

Depuis quelques années, la vitamine A est omniprésente dans la cosmétologie. En effet, c'est un des nutriments essentiels de l'esthétique car elle participe de façon prépondérante à l'entretien de la peau. La plupart des crèmes antirides contiennent cette même vitamine A. Absorbée sous sa forme acide, cette dernière est même utilisée comme produit anticancéreux, notamment dans les tumeurs du larynx, ou pour lutter contre les acnés sévères. Elle est vendue sous le nom de Roaccutane. Mais il ne suffit pas de se « tartiner », il faut aussi en absorber. Nous avons pour cela deux sources potentielles :

• la vitamine A — ou rétinol — présente dans les laitages. Un grand nombre de nos recettes exigent la présence de fromage et de yaourt, ceci explique cela ;

• la provitamine A qui se transforme en vitamine A dans l'organisme. On la trouve sous la forme des caroténoïdes, présents dans certains légumes, dont le plus important est le bêta-carotène. Le rôle des caroténoïdes est d'autant plus important qu'ils aident la peau à lutter contre toutes les agressions, qu'elles soient internes ou externes, rassemblées sous le vocable de « radicaux libres ».

Un radical libre est une molécule à laquelle il manque un électron. On le dit « célibataire ». À la recherche de l'âme sœur, il se déplace dans notre organisme créant des perturbations cellulaires qui endommagent la peau et la vieillissent à long terme. Les caroténoïdes font partie des âmes sœurs possibles du radical libre au même titre que la vitamine E.

En fait, tous les légumes colorés sont une source de bêta-carotène qui se transforme en vitamine A dans l'organisme. C'est la raison pour laquelle nous ajoutons à nos recettes des épinards, des poivrons rouges, du brocoli, des tomates, des courgettes. Le brocoli a bien des vertus : sa richesse vitaminique et minérale lui confère des propriétés antioxydantes. Les *penne aux crevettes et brocolis* (voir p. 240) sont à mettre au menu en période de stress ou de fatigue, l'hiver notamment, pour garder un teint de pêche.

Si l'asperge, le brocoli, les épinards, le poireau sont moins caloriques (30 calories pour 100 g) que l'artichaut ou le soja (40 calories), les légumes sont généralement pauvres en calories. On peut donc en ajouter à discrétion dans les pâtes. Par ailleurs, n'oubliez pas que le soja est un des légumes les plus complets, pratiquement apparenté aux légumes secs, riche en protéines, vitamines et acides gras essentiels.

➤ *Et la vitamine C*

On peut garder un teint de pêche et des cheveux d'ange si l'on sait « croquer la beauté ». Pour cela, il vous suffit de manger des fruits riches en vitamine C qui régénèrent la vitamine E, garantissant le bon état de nos acides gras, et favorisent l'absorption du fer (voir *spaghettoni au poulet épicé et aux kiwis*, p. 292).

Nous avons sélectionné les fruits les mieux pourvus en vitamine C dans le tableau suivant.

Fruits riches en vitamine C (pour 100 g)	
Kiwi	300 mg
Cassis	160 mg
Clémentine	60 mg
Orange	50 mg
Pamplemousse	40 mg
Fraise	20 mg
Abricot	20 mg
Framboise	20 mg
Ananas	20 mg
Melon	10 mg

Vous retrouverez certains de ces fruits dans nos recettes, sous forme de jus.

De belles dents

La beauté, c'est aussi les dents. Un sourire qui dévoile de belles dents illumine un visage. Or le sucre gâte les dents. Nos grands-mères le disaient et les chercheurs contemporains mettent en garde contre les bactéries cariogènes générées par la prise de sucreries, surtout entre les repas, ce qui est souvent le cas.

➤ *Des pâtes mais pas de caries*

Les Esquimaux qui se nourrissent des produits de leur chasse et leur pêche n'ont pas de caries, ou n'en avaient pas avant que les Américains n'installent une base sur leur territoire, apportant des produits sucrés dans leurs bagages.

En 1975, des études finlandaises portant sur cent vingt-cinq jeunes ont démontré que l'absorption de fructose (sucre de fruit) et de saccharose (sucre raffiné) entraînait le développement des caries. Le phénomène est d'autant plus important quand il s'agit d'un sucre qui colle et dont l'amidon est non digestible. C'est le cas des barres sucrées vendues dans le commerce. En revanche, les produits riches en amidon digestible comme les pâtes ont un effet cariogène faible, démontré lors d'expériences sur le rat.

Les pâtes jouent donc un double rôle dans le bon état de vos dents :

- d'une part, elles ne favorisent pas l'apparition des caries,
- d'autre part, elles apaisent la faim d'une façon durable si bien qu'on ne grignote pas entre les repas. Or le grignotage induit le plus souvent la prise de sucres rapides qui, eux, favorisent les caries.

Mais, quoi qu'il en soit, lavez vos dents après chaque repas et rincez-les quand vous êtes à l'extérieur. Cette simple précaution gardera votre sourire éclatant.

Moins de cellulite

Même les femmes les plus minces peuvent avoir de la cellulite car il s'agit d'une graisse particulièrement tenace, d'origine hormonale. C'est en fait une inflammation du tissu conjonctif des cellules graisseuses, ou adipocytes qui deviennent très dures. Ces cellules emmagasinent les graisses et le sucre pour parer aux fringales. Une fois installée, la spirale infernale se met en branle car les adipocytes, stimulés par les fortes sécrétions d'insuline, vont n'avoir de cesse de se gonfler pour emmagasiner les aliments gras et/ou sucrés absorbés en excès. Leur volume peut varier de 1 à 100.

Intégrées de façon judicieuse dans un régime raisonnable, les pâtes sont favorables à une réduction de la cellulite, car elles limitent l'absorption de graisses et de sucres rapides qui en sont les principaux pourvoyeurs. Les chiffres parlent d'eux-mêmes : les Français consomment individuellement presque 7 kilos de chocolat et de confiseries par an alors que les Italiens se contentent d'un peu plus de 3 kilos. De ce fait, ils sont plus minces, dans la mesure où la consommation de pâtes induit une sécrétion d'insuline peu abondante et répartie sur le temps, de telle sorte que l'organisme ne fabrique pas d'adipocytes.

➤ *Des pâtes pour drainer*

Il faut aussi savoir que l'excès de cellulite est favorisé par un déséquilibre entre les apports de sodium et potassium. Le sel retient l'eau dans les tissus, le potassium draine. Il faut donc limiter la consommation d'aliments salés (produits fumés et charcuteries notamment) et privilégier les aliments riches en potassium, comme les légumes. Certains légumes s'harmonisent davantage avec les pâtes. Le tableau page 24 indique ceux que vous retrouverez dans les recettes.

Aliments riches en potassium
– Asperge – Citron – Concombre – Courgette – Poireau – Salades

Les pâtes sont également un excellent moyen d'absorber de l'eau puisqu'elles vont en contenir plus de 60 % à la fin de la cuisson. Si vous souffrez de gonflement, ne salez pas trop l'eau de vos pâtes.

Dans bon nombre de nos recettes, les pâtes sont cuites avec des légumes ou avec les bouillons qui ont servi à leur préparation. Elles vont donc absorber les nutriments qu'ils contiennent et en particulier les vitamines, sels minéraux dont le potassium et les oligo-éléments.

La plupart des légumes apportent du potassium à l'organisme et assurent un drainage favorable à la réduction de la cellulite. Comme les pâtes apportent elles-mêmes du potassium à l'organisme, elles sont l'aliment beauté par excellence à condition de respecter le principe du plat unique.

Un ventre plat

Pour avoir le ventre plat après un repas, il faut manger lentement et mastiquer longtemps, ce qui permet d'être rassasié plus vite. Mais cela ne suffit pas. Il faut aussi consommer des fibres et, pour en absorber suffisamment, manger des céréales et des légumes. Or nous associons toujours nos pâtes avec des légumes riches en fibres.

On prête beaucoup de vertus aux fibres alimentaires. Elles accélèrent le transit intestinal, apaisent l'appétit et préviendraient même le cancer du côlon (celui qui fait le plus de victimes dans notre pays). Les pâtes confectionnées avec une farine raffinée contiennent de petites quantités de fibres (5 g environ pour 100 g de produit cru) mais de grandes quantités d'amidon dont une partie — 8 % à 10 % — arrive non digérée dans le côlon, préservant les bactéries de la flore intestinale qui vont se nourrir de cet amidon et favorisant ainsi la digestion. Les fibres ont donc un rôle non négligeable à jouer comme le montre le tableau suivant.

Le rôle des fibres
– Elles obligent à mastiquer – Elles apaisent la faim plus vite – Elles ralentissent l'assimilation glucidique – Elles favorisent le transit intestinal – Elles empêchent la prise de poids

Si la vie moderne a diminué nos besoins énergétiques, elle n'a pas réduit pour autant ceux qui concernent les fibres. Mais parallèlement à la diminution de leur absorption, on constate l'augmentation d'autres aliments pour compenser la faim, et une détérioration de notre équilibre alimentaire au profit des graisses et des sucres. De ce fait, on grossit et la taille s'épaissit.

➤ *Le mariage des pâtes et des légumes*

Il ne faut pas oublier que les féculents contenus dans les grains et tubercules sont des glucides destinés à nourrir les végétaux. Si le grain de blé est mis en terre, le germe va assurer sa germination grâce à l'amidon contenu dans le grain. Légumes et féculents sont donc parfaitement complémentaires, ils ont des qualités différentes et leur mariage culinaire est parfaitement logique.

Certains légumes s'harmonisent davantage avec les pâtes, notamment l'aubergine et l'artichaut. L'aubergine, qui apporte des fibres non agressives à l'organisme, serait un des éléments protecteurs de la diète méditerranéenne car elle a une bonne densité minérale et vitaminique. Comme elle est peu calorique, ne vous privez pas des *pappardelle d'agneau aux aubergines* (voir p. 296), d'autant que les aubergines cuisent à la vapeur des autres légumes et du gigot, sans ajout de graisse. L'artichaut, dont l'apport minéral est important, est un grand ami des pâtes. La gastronomie italienne lui donne une place de choix dans sa cuisine. Il est consommé cru ou cuit, mais on peut utiliser les cœurs et les acheter en conserve pour plus de simplicité. L'artichaut cuit fournit une grande quantité de fibres à l'organisme. De plus, il possède deux autres vertus : sa richesse en potassium aide à éliminer et l'inuline qu'il contient freine l'élévation du taux de sucre dans le sang.

Tous les légumes apportent des vitamines et des sels minéraux dont l'importance n'est plus à démontrer. Un grand nombre peut être intégré à un plat de pâtes comme la courgette, les épinards, le brocoli, les champignons, le poivron rouge et même certaines salades comme la roquette sauvage ou la trévise rouge. Cela vous laisse une grande latitude au niveau des recettes. Cependant, pour éviter les ballonnements, préférez les légumes cuits aux légumes crus.

➤ *Le rôle de la respiration*

Et n'oubliez pas que, pour avoir un ventre plat, il faut veiller à bien respirer. Une respiration ample détend et travaille en douceur les abdominaux. Une respiration profonde apaise, mais en même temps induit la contraction du ventre ; elle est donc susceptible de vous aider à garder un ventre tonique par la détente d'abord, le travail musculaire ensuite.

Lorsque vous respirez, pensez à serrer vos abdominaux à l'expiration et relâchez la pression au moment de l'inspiration. Ces exercices peuvent se pratiquer partout, au bureau, chez soi, avant de s'endormir. Ils doivent devenir un réflexe pour parer au stress ou préparer au sommeil. Nous l'indiquons sous des formes diverses dans nos recettes : voir « Un peu de gym en cuisine ».

Comment optimiser votre capital beauté

L'optimisation de votre capital jeunesse passe par certaines règles. Le tabagisme, la prise d'alcool et d'excitants à haute dose, les régimes alimentaires restrictifs, le surmenage physique et intellectuel sont autant de facteurs de pollution de vos cellules qui imposent de :

- limiter votre consommation de cigarettes, voire de cesser de fumer ;
- réduire vos prises de café, de thé ou de vin ;
- répartir vos apports caloriques dans la journée pour vous ménager des pauses et pour éviter le surmenage ;
- boire régulièrement de l'eau au lieu de manger entre les repas et de grignoter ;
- augmenter et varier vos rations de légumes pour disposer d'armes contre les radicaux libres ;
- consommer deux fruits par jour, en privilégiant ceux qui sont riches en vitamine C comme les agrumes.

Le régime des pâtes n'est ni triste ni restrictif puisqu'elles favorisent la synthèse des hormones du plaisir, dites opiacées. La nourriture peut et doit devenir une alliée contre le vieillissement. Pour cela, il faut privilégier les protéines animales et végétales de qualité, choisir des glucides lents, privilégier le calcium les fibres et les bonnes graisses. C'est ce que nous faisons dans nos recettes.

➤ *Croquer la beauté*

Croquer la beauté n'est pas un vain mot puisque se développe, comme nous l'avons expliqué plus haut, une cosmétique alimentaire mais, si les produits de soin sont efficaces contre les agressions extérieures, il faut aussi nourrir l'organisme en

profondeur pour l'aider à se défendre contre ce qui l'agresse intérieurement. Pour ralentir le vieillissement de vos cellules, misez sur :
• les légumes à feuilles vertes, riches en flavonoïdes qui favorisent la résistance des vaisseaux ;
• les œufs et l'ail, bien pourvus en soufre pour faire barrage aux radicaux libres ;
• les coquillages, dont le zinc prévient les phénomènes d'oxydation et permet la cicatrisation de nos cellules ;

Les recettes	**Leurs bénéfices beauté**
Tagliatelle aux artichauts et févettes en tuiles de parmesan *Bucatini aux œufs brouillés en ratatouille* *Tagliatelle au crabe et aux pois gourmands*	sur le renouvellement cellulaire
Soupe de nouilles aux crevettes *Lasagne de saumon à la fondue de poireaux* *Nouilles sautées au canard et chou chinois*	sur le teint
Penne au lit vert de foies de volaille *Papillotes aux fruits de mer* *Tagliatelle aux aiguillettes de canard et jus de poivrons rouges*	sur la protection cellulaire
Cannelloni d'asperges à la brousse *Tagliatelle aux aubergines sauce roquefort* *Tagliatelle à la menthe et au chèvre frais*	sur les dents
Fettucelle aux crevettes et concombre *Spaghetti à la pintade et aux cœurs d'artichauts* *Penne au lapin et aux courgettes*	sur la cellulite
Penne aux crevettes et brocolis *Tagliatelle aux coquelets et topinambours* *Lasagnette aux crevettes et à la roquette sauvage*	sur le ventre

• le poisson, qui fournit de l'iode à l'organisme, l'aide à lutter contre le froid d'autant plus efficacement que les pâtes en contiennent aussi à raison de 6 microgrammes pour 100 g de produit cru ;
• l'oignon auquel le sélénium procure ses propriétés antiradicalaires. Nous en mettons dans la plupart de nos recettes.

De plus, limitez la cuisson des légumes que vous associez à vos pâtes pour préserver les nutriments. *Al dente* rime avec croquant, aussi bien pour les pâtes que pour les légumes. Et, pour choisir vos recettes en fonction des résultats que vous voulez obtenir, consultez le tableau ci-dessus.

CHAPITRE 6

Côté histoire

L'histoire des pâtes est d'abord celle du blé puisque les céréales sont depuis des millénaires le groupe alimentaire le plus consommé, fournissant environ 60 % de l'apport énergétique de la planète, allant jusqu'à 80 % dans les pays les moins riches, mais s'abaissant à 30 % dans nos sociétés.

Les plus anciennes traces du blé ont été retrouvées dans la vallée du Jourdain en 8000 avant J.-C. De là, elles sont passées en Asie mineure puis en Grèce. Plus tard, en 5000 avant J.-C., les céréales sont implantées en Europe occidentale. Le blé est alors consommé avec le germe et les écorces, pour apporter tous ses nutriments à l'organisme. Désormais, l'homme devenu cultivateur n'est plus dépendant de son environnement. La consommation de céréales augmente : c'est le début du commerce !

Ce que nous savons moins, c'est que les pâtes existent depuis les Étrusques puisqu'on a retrouvé des vestiges en stuc peint servant à leur fabrication et, notamment dans une tombe de Cerveteri datant du IVe siècle avant J.-C., une roulette pour les couper !

Sur les traces des pâtes

Dans l'Antiquité, les céréales constituent la base essentielle des repas. Le pain est pétri avec de la farine de froment et les bouillies sont confectionnées avec de l'orge : ce sont les « ptisanes ». La viande reste occasionnelle, elle complète les menus de fête. Rôtir un agneau ou un chevreau est un geste de réjouissance, comme boire du vin.

Les Anciens ont une cuisine simple qui privilégie la supériorité des saveurs. Avec l'élévation du niveau de la vie, l'éventail culinaire s'élargit. Les Grecs confectionnent une pâte qu'ils font frire dans l'huile d'olive et servent sous la forme d'une galette accompagnée de fromage. Ce sont les premières pâtes. On les retrouve au IVe siècle de notre ère sous le nom de *pastê* qui signifie « sauce à la farine ».

➤ *À l'époque romaine : les lasagne au four*

À Rome, les mœurs changent. Le citoyen industrieux vaque très tôt à ses occupations. Le gymnase ne remplit plus son rôle de détente. Les bains et les banquets remplacent la convivialité des cours de gymnastique. Le Romain se délasse le soir en allant aux thermes et en participant à des repas fastueux. Au corps nu et en mouvement de l'athlète grec s'oppose celui, vêtu et couché, du citoyen de Rome.

Parallèlement à l'essor des plaisirs de la table, la cuisine romaine évolue. Elle continue cependant à accorder la plus grande importance aux céréales et aux légumes, comme les lentilles, les pois, les haricots, les asperges, l'artichaut, le chou, le melon ou le cresson. Cette présence permanente des légumes se retrouve encore aujourd'hui sur les tables italiennes.

Mais des sauces accompagnent désormais les pâtes. Nous trouvons les recettes sous la plume d'un certain Gavius, écrivain et gastronome latin qui se ruine dans la débauche sous le règne de l'empereur Tibère au Ier siècle après Jésus-Christ. Plus connu sous le surnom d'Apicius, il donne une recette de pâtes dans son ouvrage culinaire, traduit à la fin du IVe siècle sous le titre *De re coquinaria.* Il s'agit de *làgana* cuits au four, sans doute les ancêtres des *lasagne* à la sauce bolognaise. Ce sont des pâtes fraîches car les pâtes sèches n'existent pas encore.

➤ *En l'an 1000 : les Arabes et les pâtes sèches*

Au XIe siècle, les pâtes sèches font leur apparition avec les invasions arabes. Plusieurs ouvrages attribuent la paternité des *spaghetti* aux Arabes.

En effet, dès le IXe siècle, les Arabes envahissent la Sicile. Consommateurs d'une pâte longue et fine, dite *itriyya*, nom issu du mot arabe *tria* qui veut dire « fil », ils jouent un rôle prépondérant sur le développement des pâtes sèches au XIIe siècle. Leur sédentarisation permet la divulgation de ces longs fils dans tout le monde arabe et andalou puisque, selon le géographe Idrisi, la Sicile commence à exporter les pâtes *itriyya* dès le XIIe siècle.

➤ *En Italie : une tradition culinaire ancestrale*

Parallèlement, la pâte fraîche s'installe en Méditerranée. Elle est servie avec du fromage et un nuage de cannelle. Désormais on distingue les *lasagnari*, qui fabriquent les feuilles de *lasagne* fraîches, des vermiceliers qui sèchent leurs pâtes fines. La tradition perdure en Italie où les *lasagne* sont, en général, servies fraîches.

Au XIIIe siècle, les pâtes deviennent le symbole de la culture italienne et il suffit, pour s'en convaincre, de lire les inventaires après décès qui notifient dans leurs actes les provisions de *macaroni* des défunts. Au XIVe siècle, un domaine est installé à Trebbia pour fabriquer des pâtes destinées aux musulmans et aux chrétiens. Ces fils, qui deviendront *spaghetti* au XIXe siècle, envahissent l'Italie. Mais chaque région a ses spécialités. Les *trenette* sont génoises, les *vermicelli* apparaissent en Ligurie tandis qu'à Bologne on farcit les *tortellini*. Au XVe siècle, naissent les *ravioli* ainsi que les *macharoni*, lesquels deviendront *maccheroni* en italien puis macaronis en français. Ils sont cuits dans un bouillon. Ainsi, de Naples à Milan, l'activité pastière devient persistante dans toute la péninsule.

Dès le XVe siècle, on trouve des recettes de pâtes dans les ouvrages culinaires. En 1475, Bartolomeo Platina dévoile ses secrets dans son livre de cuisine *De honesta valetudine.* On trouve des *tortelli* farcis de betteraves rouges sauvages, de feuilles de navets et coquelicots, ou de pommes de terre et courges. En Romagne, on cuit les *maccheroni* dans du lait pour fêter la naissance d'un fils.

Le succès des pâtes est tel que les boulangers se mettent à en fabriquer et le pape en personne doit régler le conflit avec les fabricants. En 1641, un décret fixe à vingt mètres la distance entre deux boutiques de pâtes !

Honneur aux pâtes en Crète

Dans le même temps, les pâtes sont introduites en Crète. Au XVIe siècle, les Vénitiens envahissent cette île et influencent le mode de vie des Crétois. Depuis lors, on mange des pâtes en Crète. Or on sait maintenant que la grande forme des Crétois n'est pas étrangère à leur alimentation. Si les Crétois vivent vieux, s'ils ont peu d'accidents cardio-vasculaires et de cancers, c'est parce qu'ils font une grande consommation d'huile d'olive, de légumes — frais et secs —, de fruits — également frais et secs —, de céréales — notamment du blé concassé ou boulgour —, mais aussi de pâtes[1]. Ces dernières sont plutôt servies gratinées, comme en témoigne le *pastitio* national : gratin de *macaroni* et de viande hachée servi avec des tomates, du fromage et de la béchamel. C'est sans doute une lointaine réminiscence des *lasagne* romaines.

L'INDUSTRIALISATION PRÉCOCE

Si au XVIe siècle, les fabricants de pâtes créent la corporation *Arte dei vermicellari* pour divulguer leur production, menaçant tout fabricant étranger à leur confrérie d'emprisonnement, c'est surtout au XVIIIe siècle que les pâtes ont pris l'ampleur que nous connaissons par la diversité de leurs formes, la variété de leurs sauces et la pluralité de leur composition : sèches, fraîches, aux œufs, à la farine complète, semoule de blé dur ou blé tendre. Les récits des voyageurs attestent la permanence des pâtes sur les tables italiennes. Ils traduisent l'étonnement des auteurs sur un aliment somme toute ordinaire.

L'emploi de la semoule de blé se généralise. Elle fait la réputation des pâtes napolitaines qui utilisent le blé dur des Pouilles. Suite aux travaux de Jacopo Bartolomeo Beccari, au début du XVIIe siècle, attestant de la richesse en gluten du blé dur, l'unanimité est faite le siècle suivant pour divulguer son emploi. Celle-ci entraîne la diffusion des pâtes qui, peu à peu, sont servies à la table des personnes aisées. Mais elles sont alors enrichies de viande et d'œufs.

Cependant, il faudra légiférer pour que la semoule de blé dur s'impose véritablement en 1920. En fait, le blé tendre

1. Voir *Le Régime santé*, Paris, Odile Jacob, 1998 ; *Le Régime crétois*, Paris, Hachette, 2000.

a toujours été admis en Italie, avant guerre, certaines pâtes comportaient 20 % de blé tendre… voire 40 % et 60 % !

À Naples : les macaroni du bonheur

Au XVIe siècle, les vauriens de Naples avalent les pâtes sans même les mastiquer : ils mangent la *pasta asciutta*, la pâte sèche, avec parfois un peu de fromage râpé, sans accompagnement. Alors que les pâtes sèches ont du mal à s'implanter dans le nord de l'Italie où les pâtes fraîches sont fréquemment cuisinées, la croissance démographique entraîne l'invention, par Cesare Spadaccini, du pressoir mécanique pour faire face à la demande alimentaire. Sous l'impulsion de la famille impériale d'Autriche au début du XIXe siècle, Spadaccini entreprend des recherches afin de supprimer le foulage. Dès lors, ce n'est plus le *pastaio* qui pétrit la pâte avec ses pieds mais une machine en bronze dont la presse est actionnée par les bras de jeunes gens : les pieds en bois de l'« homme de bronze » remplacent ceux de l'homme, ce qui diminue fortement le prix de revient des pâtes. De plus, Spadaccini introduit l'hygiène dans sa fabrique. C'est l'essor de la pâte populaire et de la « brie » qui sert à briser la pâte.

Une fois la *sfolia* (pâte) confectionnée, on la passe à travers une filière, disque en bronze percé de trous, pour lui donner un format précis. Les « tréfileurs », qui filent la pâte, imaginent alors plusieurs formes de trous pour diversifier les pâtes. En 1840, s'ouvre la première usine de pâtes dans la région de Naples. Le blé est broyé entre des meules de pierre puis séparé du son dans des tamis que l'on secoue à la main. La semoule est mélangée à l'eau dans des moulins. En 1882, le premier pressoir hydraulique est en fonction puis, en 1884, le moulin à vapeur fait son apparition.

Vient le temps du séchage. Les pâtes sont d'abord exposées au soleil pour que la semoule forme une *carta* (carton) :

c'est l'*incartamento*. Dans un deuxième temps, le *rinvenimento*, les pâtes sont installées dans un lieu frais, maintenu à une température de 15 °C, et ventilé pour qu'elles prennent une consistance ferme. Pour que les pâtes ne se cassent pas, il faut éviter les chocs thermiques et une trop grande rapidité du séchage. Bientôt apparaissent des séchoirs mécaniques, appelés « manèges », qui tournent sur eux-mêmes et sur lesquels sont disposées les claies. Puis viendront les séchoirs thermo-mécaniques qui permettront de sécher les pâtes en moins de deux heures.

L'industrialisation débute donc dans la région de Naples et les Napolitains sont appelés *mangiamaccheroni*, appellation issue soit du mot grec *makarios* qui veut dire bienheureux, soit de *maccheroni* dérivé des macarons qu'on mettait en potage au Moyen Âge. Cette industrialisation, galopante à Naples, touche bientôt toutes les régions d'Italie. Chacune développe en même temps des idées ingénieuses pour garder son identité.

Les temps modernes

À la fin du XVIIIe siècle, la tomate fait son apparition et permet de confectionner des sauces diverses. À Bologne, c'est le traditionnel *ragù* qui accommode des pâtes courtes et trouées comme les *rigate* ou les *penne*. Alors commence le déclin du bouillon, sauf pour les personnes qui suivent un régime.

À la fin du XIXe siècle, on voit apparaître des pâtes « médicales », enrichies en gluten, des pâtes ferrugineuses, des pâtes à la levure de bière et même des pâtes dites de « régime ». Elles ont la taille d'un petit grain, pour rappeler leur origine céréalière, et sont destinées à être pochées dans un bouillon. Ce sont les cheveux d'ange, les étoiles, les plombs, les lentilles ou les lettres d'alphabet. Les fabricants soulignent le côté « médicamenteux » de leur production et insistent sur la permanence du gluten, facteur de bonne santé : certains fabricants en ajoutent de 10 % à 15 %.

Dès lors, l'industrialisation entraîne le déclin de nombreuses petites fabriques au profit des grands producteurs comme De Cecco à Fara San Martino, Buitoni à Sansepolcro ou Barilla à Parme. Et, comme les Italiens consomment des pâtes quotidiennement, ils ne cessent d'enrichir leur catalogue pour satisfaire la demande. On compte aujourd'hui plus de trois cents formats qui laissent libre cours à leur imagination et à la nôtre évidemment !

➤ *Dans la société française*

Au XIVe siècle, les paysans mangent deux fois par jour. On ne cuisine qu'un seul plat, celui du matin, dont les restes sont servis le soir. C'est le plus souvent une soupe de légumes, avec ou sans pâtes. On parle de *macarons en potage* quand la soupe est servie avec des pâtes.

Cependant, les pâtes entrent plus tardivement dans la tradition bourgeoise française. Apportées en 1533 dans la corbeille de mariage de Catherine de Médicis, épouse du futur roi de France Henri II, elles ont peu de succès car elles gardent la connotation de plat populaire. Il s'agit surtout de petites pâtes farcies — les *ravioli* —, accompagnées de fromage, et quelquefois servies frites et sucrées en dessert. Il faut dire que ce genre de pâtes est plus facile à manger avec une cuillère. En effet, la fourchette n'apparaît qu'à la fin du XVIe siècle, ce qui a eu sans doute pour effet de développer l'usage des pâtes en général dans la mesure où les formes se sont multipliées.

Une tradition culinaire tardive dans la bonne société

Cependant, les allusions culinaires aux pâtes restent rares. Anthelme Brillat-Savarin est magistrat et homme de lettres. Gastronome, il aime recevoir. Son ouvrage, *La Physiologie du goût*, paraît l'année de sa mort en 1825. L'auteur fait l'éloge des pâtes, tout en donnant un aspect médical à ses recettes. Ce gourmand apprécie un mets qui commence à se répandre dans la bonne société. En effet, si les pâtes ont d'abord été populaires en Italie, avant d'acquérir leurs lettres de noblesse avec l'apparition des pâtes fraîches et la diversification des sauces, elles sont plutôt bourgeoises en France, du moins à cette époque. Les plats traditionnels du terroir privilégient surtout les légumes secs.

En France, les pâtes restent donc un mets de cour occasionnel jusqu'au XIXe siècle, sauf en Alsace où l'activité pastière est une tradition depuis le XVIIIe siècle. Au début, les pâtes étaient fraîches, composées de farine et d'œufs, le plus souvent fabriquées par des boulangers ou la maîtresse de maison. En 1840, Frédéric Scheurer installe une fabrique à Logelbach, révolutionnant la production locale en employant du blé dur alors que la tradition est celle du blé tendre. Les traditionnelles *spätzle* étaient confectionnées avec de la pâte liquide et gonflaient dans l'eau comme des beignets. Cependant, l'usage du blé dur n'est devenu courant qu'après 1940.

La fabrication traditionnelle des pâtes

La fabrication des pâtes s'est développée à partir de 1860. Elle est d'abord artisanale. Les taillerins mélangent eux-mêmes la farine et la semoule. Pour rendre les pâtes plus fermes et nourrissantes, ils ajoutent parfois des œufs. La fabrication reste familiale. Le pétrissage se fait à la main avec une poutre pendant une heure.

Puis arrive le pétrin, meule en pierre roulant dans une cuve à fond de bois, mû par la traction animale ou hydraulique. Une fois éventées et coupées, les pâtes sont portées dans une corbeille, divisées en écheveaux à l'atelier d'étendage puis installées sur des claies tapissées de papier pour sécher à l'air libre.

Au début du siècle, la mécanisation simplifie la fabrication et, en 1934, la législation impose l'utilisation des semoules de blé dur, SSSE pour les pâtes de qualité supérieure et SSSF pour la qualité courante. L'industrialisation entraîne la disparition d'un grand nombre de petites fabriques, comme en Italie. Ingénieur, Jean-Claude Miralles équipe monsieur Panzani de sa première machine de pâtes avant d'acheter les pâtes Nicolas et de perpétuer la tradition des pâtes françaises artisanales.

En France, en 1925, on consomme un peu plus de sept kilos de légumes secs par an et par personne. On en consomme aujourd'hui moins de deux. Les pâtes, en augmentation, semblent avoir pris le relais. Les Français en mangent tous les quatre jours.

➤ *Dans les autres cultures*

On dit couramment que les pâtes auraient été rapportées à la fin du XIIIe siècle en Europe par Marco Polo. Or il s'agit des *macaroni* de la province chinoise de Mangi alors occupée par les Mongols. Voilà ce qu'écrit l'auteur en 1298 : « Chez eux, le blé ne donne pas un tel rendement ; ce qu'ils en récoltent, ils le mangent seulement sous forme de *macaroni* ou d'autres plats faits de pâte[1]. » Mais les pâtes existaient déjà en Italie, et de manière beaucoup plus présente.

En fait, les Chinois mangent des pâtes depuis des millénaires mais leur cuisine ne leur accorde pas une place de choix, du moins à l'époque de Marco Polo. La légende veut que le voyageur vénitien ait ramené les pâtes de Chine, ce

1. *Le Devisement du monde*, tome 1, Paris, La Découverte/Poche, p. 253.

qui est faux bien évidemment. Il connaît les pâtes depuis son enfance mais constate avec étonnement que les *macaroni* existent dans la province de Mangi tandis que le riz est omniprésent partout ailleurs.

Les *bing* apparaissent en Chine au IIe siècle avant notre ère. Le terme désigne à la fois les pâtes mais aussi les galettes à la farine de blé. Ce n'est qu'au Xe siècle que les pâtes sont appelées *mian* pour ne plus être confondues avec des mets constitués de farine de blé. Il est difficile pourtant d'évoquer une permanence des pâtes dans la mesure où les *mian* sont restées longtemps domestiques et artisanales.

En Asie : les nouilles de longévité

Jusqu'à la fin du XIXe siècle, la tradition est celle des pâtes fraîches au blé tendre. Elles ont souvent la forme de *ravioli* ou de vermicelles, beaucoup sont cuites dans un bouillon, ce sont les pâtes « humides » ; ou à la vapeur, ce sont les pâtes « sèches ». Sous les Song, dont le règne s'étend de 960 à 1279, les pâtes prennent une insistance particulière dans les mentalités. Elles sont vendues par les boulangers. On prête même des vertus thérapeutiques aux *luofu mian* qui, confectionnées avec des raves, préviendraient le blanchiment des cheveux. Certaines pâtes font l'objet de préparations diététiques comme celles à la farine de bulbe de lys séché ou au gluten, lequel fait office de viande dans les menus végétariens.

Pourtant, la Chine a longtemps ignoré le blé dur. Cette absence a été compensée par l'emploi de farines de légumineuses, tubercules divers ou de riz jusqu'en 1913, date qui signe le début de la pâte industrielle et de l'emploi de la semoule de blé dur.

Traditionnellement, les Chinois et les Japonais sont attachés aux pâtes qu'ils servent croustillantes — ce sont les nouilles sautées — ou trempées dans un bouillon. Comme en

Italie, les pâtes sont agrémentées pour constituer un plat complet qui, l'été, se mange glacé. Les nouilles dites « de longévité » participent largement à la cuisine de ces deux peuples. Composées de farine de sarrasin, de sésame ou de soja mélangée au froment, elles ont un aspect gris clair, sauf quand elles sont parfumées au thé vert ou aux épinards. Elles sont souvent confectionnées avec des œufs.

À Taïwan et en Indonésie

À Taïwan, on trouve des nouilles à la fécule de pommes de terre et de haricots. Quand il fait chaud, on déguste des nouilles froides à la pâte de sésame, aux épinards, aux carottes ou bien des pâtes aux algues. Pour que le plat soit complet, on y ajoute des lamelles de poulet, bœuf ou porc grillé et des légumes variés : concombre, carotte, haricots de soja, champignons parfumés ou rutabagas, le tout relevé avec des racines de moutarde. Les nouilles froides sont une tradition en période de canicule. Transportées, elles sont dégustées sur le lieu de travail.

En Indonésie, on trouve des nouilles instantanées appelées « supermie ». Elles sont confectionnées avec de la farine de froment et se dégustent frites dans de l'huile de palme. Le succès n'a d'égal que la préparation : rapide. Si bien qu'on trouve des nouilles diversement parfumées au poulet et aux oignons, au bœuf et au curry, à la sauce bolognaise ou au parfum de pizza. Il y a même une nouille dite « d'amour » supplémentée en vitamine E pour donner de l'éclat à la peau des femmes !

En Europe centrale et orientale : le sarrasin

En Europe centrale et orientale, on fabrique également des pâtes à base de farines de sarrasin et de froment, le sarrasin pour le phosphore et le calcium, le froment pour le gluten.

En Hongrie, on confectionne une pâte avec des œufs et de la farine puis on l'étale pour en détacher des petits morceaux que l'on cuit dans une soupe : ce sont les *csipetke*.

En Sibérie, on sert du bouillon aux *pelmeni*. La cuisine sibérienne fait une large place à ces petits *ravioli* farcis à la viande. Les Mongols auraient apporté les pâtes en Asie centrale au XIIIe siècle si bien que l'usage en Russie et en Ouzbékistan est de manger des pâtes fraîches.

Néanmoins, l'activité pastière reste marginale dans ces contrées, proches pourtant des cultures de blé dur. Quant à la cuisine juive, elle les a intégrées dans sa tradition culinaire : elles sont frites ou bouillies.

Aux États-Unis : la sauce tomate en boîtes

Si l'introduction des pâtes en Amérique du Nord remonte au XVIIe siècle, le style de vie italien s'étend au continent américain dans les années 1970 essentiellement. C'est l'époque des grandes interrogations sur les maladies dites « de civilisation » et des enquêtes pour y répondre. Les résultats les plus satisfaisants sont apportés par le mode de vie des Italiens qui mangent des pâtes et consomment beaucoup d'huile d'olive, comme à Roseto. Pourtant, depuis le XIXe siècle, on fabrique des pâtes aux États-Unis. Thomas Jefferson aurait même importé la première machine à confectionner des pâtes au début du XIXe siècle !

En fait, l'effet de Roseto eut des conséquences importantes. Il s'agit d'un petit village de Pennsylvanie fondé en 1882 par des immigrés originaires du sud de l'Italie. Or, dans les années 1960, un médecin observe que les habitants de Roseto sont peu sujets aux accidents cardio-vasculaires et que le taux de décès d'origine cardiaque est trois fois moins important que dans le reste des États-Unis. Comme tous les Italiens attachés à leurs traditions, ceux de Roseto suivent les coutumes alimentaires des Pouilles et mangent essentiellement des pâtes assaisonnées d'huile d'olive. Le concept de la diète méditerranéenne est né. L'*italian food* devient à la mode sur le continent américain.

Dès lors, l'industrie pastière se développe. En 1925, on compte plus de trois cents fabriques américaines nées pour la plupart sous des férules italiennes comme celle au nom ronflant de *American Beauty Macaroni Company,* et, en 1935 s'ouvre à Boston la première usine de sauce tomate conditionnée… en boîtes !

CHAPITRE 7

Côté gastronomie

Personne n'a oublié le *spaghetti* taquin du dessin animé, *La Belle et le Clochard* qui conduit la jolie truffe de Belle à son premier contact avec le museau de Clochard. Le bâtard n'en revient pas. Tout cet émerveillement à cause d'un plat de pâtes, mais pas n'importe quelle pâte puisque le *spaghetti* est un symbole : celui de la cuisine italienne. Le plus exporté à en croire les ventes : environ cinquante mille tonnes par an !

Que vous aimiez ou non les *spaghetti*, ne vous cantonnez pas à leur achat car le choix est grand. Et, ne faites pas comme Clochard. Il ne faut pas aspirer les *spaghetti* mais les manger en les enroulant autour de sa fourchette à l'aide d'une cuillère. De plus, évitez de servir des pâtes en garniture. Les pâtes sont en Italie un véritable plat et ne sont pas remisées au rang d'accompagnement. Évitez également de manger du pain avec les pâtes. Ces deux aliments sont des féculents et leur association est parfaitement illogique sur un plan nutritif, même s'ils peuvent s'associer sur le plan gustatif.

Le choix des pâtes

Comme vous le savez maintenant, les pâtes sont connues depuis l'Antiquité. Pourtant, à la base de cet aliment, il n'y a que de l'eau et du blé. En France et en Italie, la loi impose l'utilisation de semoule de blé dur qui se différencie du blé tendre par la taille de ses grains, trois fois plus gros, et leur couleur jaune. Les pâtes obtenues tiennent bien à la cuisson, elles gardent une belle couleur jaune et peuvent être consommées fermes, ce qui n'est pas le cas des pâtes au blé tendre.

➤ *Blé dur ou blé tendre ?*

Le grain de blé est enveloppé dans une enveloppe dure, le péricarpe, qui protège l'intérieur du grain. Celui-ci est composé de deux éléments : le germe et l'endosperme, ou albumen. Bien que moins riche que le germe, l'endosperme — ou amande du blé — est une source de protéines de bonne qualité, d'enzymes, de vitamines et minéraux. Il comprend des grains d'amidon (70 %) liés entre eux par le gluten.

Le blé ou *triticum* devient froment quand il est cultivé. Le *triticum vulgare*, ou blé tendre, est l'espèce la plus cultivée dans le monde. Le *triticum durum*, ou blé dur issu de l'endosperme, donne une farine riche en gluten qui permet le façonnage et convient bien à la fabrication des pâtes alimentaires.

En fait, le blé dur et le blé tendre sont deux variétés de plantes dont les caractéristiques diffèrent. Si le blé dur s'épanouit sous des climats chauds et continentaux, le blé tendre supporte davantage des climats tempérés et pluvieux ; si la texture de l'amande du blé dur est rigide, les grains du blé tendre sont farineux.

Le gluten formé par les protéines du blé dur (notamment la gliadine 45), rassemblées au contact de l'eau durant le malaxage, reste compact et garde des propriétés élastiques parfaites pour la fabrication des pâtes. Le gluten du blé tendre, plus friable, a des capacités de levage idéales pour la production de pain et de produits pâtissiers, mais sa richesse nutritive est inférieure : 10 % à 20 %. En principe, le blé tendre n'est pas employé dans la fabrication des pâtes mais les fraudes existent.

ATTENTION AUX FRAUDES !

En France et en Italie, la loi impose d'utiliser des semoules de blé dur pour la fabrication des pâtes mais permet l'adjonction de blé tendre à concurrence de 7 %. Dans d'autres pays de la CEE, dont l'Allemagne, les pâtes sont au blé tendre. Leur qualité nutritive est inférieure, leur aspect blanchâtre peu appétissant ; de plus, elles ont tendance à coller. Les nouilles chinoises sont elles aussi faites de blé tendre et parfois même de patates douces. Certaines sont même blanchies avec des produits toxiques ! La prudence s'impose, surtout en ce qui concerne les nouilles chinoises.

La qualité de la semoule peut être mauvaise, parfois masquée par l'emploi d'œufs ou d'additifs, ce qui est souvent le cas des pâtes fraîches. Il faut se méfier de certaines fabrications qui utilisent des colorants, céréales diverses (soja, sarrasin), ou mélangent le blé tendre au blé dur sans respecter la loi.

Il est donc important de lire les étiquettes, de rester fidèle à une marque qui donne ample satisfaction pour la couleur, la solidité et la fermeté de ses pâtes. En principe, les pâtes françaises n'emploient pas de blé tendre. En revanche, soyez prudent avec toutes les pâtes venues d'outre-Atlantique.

CHERCHEZ LES DÉFAUTS APPARENTS

Pour vous assurer des qualités des pâtes que vous achetez, cherchez les défauts apparents — appelés « piqûres » par les spécialistes — notés dans le tableau suivant.

Les défauts des pâtes
– Des points blancs – Des points bruns – Des fissures – Des cassures

Les piqûres ont des origines diverses : hydratation insuffisante au moment de la fabrication, présence de son, etc. Des points blancs présagent des pâtes collantes, des fissures des pâtes molles. Les cassures apportent la preuve d'un mauvais séchage qui risque d'altérer la qualité des pâtes.

➤ *Les qualités nutritives des pâtes*

Pour obtenir de bonnes pâtes, le blé doit être sélectionné. En général, il est importé de Russie, Turquie ou d'Amérique. Le blé dur est plus jaune et, même moulu, reste granuleux. Il est une excellente source de magnésium, phosphore, zinc et potassium, mais il apporte également du cuivre et des vitamines du groupe B.

Les pâtes sèches constituent un produit stable qui doit être conservé dans son emballage fermé et consommé peu avant la date prescrite sur le paquet. Elles sont conditionnées en paquets de 250, 400 ou 500 g, voire 360 g pour les nouilles chinoises. Pour que l'impact sur la santé soit optimal, il faut compter 250 g de pâtes crues pour trois à quatre personnes et 500 g pour six à huit personnes. Tout dépend de l'activité physique de chacun. Un actif pourra manger davantage, un sédentaire veillera à ne pas abuser des apports. Et celui qui a un projet de régime devra restreindre sa portion en augmentant celles des protéines et des légumes dans le plat unique.

Les pâtes sont un aliment de qualité à condition de savoir les accompagner comme nous le préconisons dans nos recettes. Si l'on considère que les pâtes sèches à la semoule supérieure de blé dur couvrent 21 % en vitamine B1 et 36 % en vitamine B9, on voit que, bien accompagnées, elles sont un aliment de forme et de santé. Nous les comparons, dans le tableau suivant, avec les pâtes complètes et les pâtes aux œufs.

Nutriments	**100 g de pâtes sèches à la semoule supérieure de blé dur**	**100 g de pâtes sèches au blé complet**	**100 g de pâtes sèches aux œufs (16,7 % d'œufs)**
Protéines	11,5 à 13 g	13 g	15 g
Glucides	71 à 77 g	73 g	72 g
Lipides	1,5 à 2 g	1,8 g	3,5 g
Fibres	5 g	7 g	3 g
Fer	2 mg	3 mg	9 mg
Magnésium	50 mg	75 mg	50 mg
Phosphore	73 mg	1 000 mg	73 mg
Vitamine B1	0,10 mg	0,2 mg	0,2 mg
Vitamine B9	0,02 mg	0,02 mg	0,02 mg
Valeur calorique	350 à 370	330	390

Les vitamines B participent au bon fonctionnement des cellules nerveuses mais la vitamine B9 (acide folique ou folates) intervient aussi dans le métabolisme des protéines. C'est une vitamine importante que l'on commence à ajouter dans les pâtes, notamment aux États-Unis et au Canada, afin de permettre à l'ensemble de la population d'accéder aux apports minimaux nécessaires. On a en effet constaté que les femmes carencées en vitamine B9 au moment de la conception donnent plus souvent naissance à des bébés malformés. Il est probable que cet ajout sera adopté dans les années futures en France, d'autant que l'acide folique est une arme contre les cancers du poumon et du col de l'utérus notamment. On pense d'ailleurs que les folates ne sont pas étrangers à la forme insolente des Crétois.

Les pâtes aux œufs : des protéines en plus

Les pâtes peuvent être enrichies en protéines par l'adjonction d'œufs. L'ajout est au minimum de trois œufs par kilo, ce qui représente 14 g d'œufs pour 100 g de produit. Cinq œufs frais au kilo apportent 25 g d'œufs, ce qui permet un net enrichissement nutritionnel comme vous l'avez constaté dans le tableau comparatif.

En dépit de leur composition, les pâtes aux œufs sont pauvres en cholestérol : 30 mg pour 100 g de produit. De plus, elles apportent des nutriments supplémentaires :

- de la vitamine B2 qui garantit l'état de notre peau et de nos muqueuses, et harmonise les autres vitamines entre elles ;
- de la vitamine B6 qui joue aussi un rôle de coordination et oxygène nos neurones.

Si vous optez pour les pâtes aux œufs, choisissez-les plutôt sèches et labellisées sous le vocable « à la semoule de blé dur supérieure », pour éviter l'éventuelle adjonction de semoule de blé tendre, notamment dans les pâtes fraîches.

Les pâtes complètes : des minéraux en plus

Les pâtes complètes sont fabriquées avec des farines qui contiennent le son du blé et par conséquent les fibres alimentaires, les nutriments minéraux et vitaminiques originels. Mais elles sont moins savoureuses. Vous avez aussi le choix des pâtes semi-complètes qui peuvent vous satisfaire davantage si vous êtes végétarien.

Les pâtes complètes sont plus équilibrées puisque le raffinage prive la farine d'une partie des nutriments du grain de blé, mais il faut choisir des pâtes confectionnées avec du froment cultivé sans produits anticryptogamiques, qui sont toxiques. Quant à la farine de sarrasin, ou blé noir, elle est additionnée de farine de froment car elle ne contient pas de gluten. Et certaines pâtes sont dites complètes alors que la semoule normale est simplement additionnée de son.

Si les pâtes complètes comportent davantage de vitamines et de sels minéraux, elles contiennent aussi des phytates qui font chuter le taux de calcium et freinent l'absorption du fer, du zinc et du magnésium. Il ne faut donc pas en abuser et garder à l'esprit que bon nombre de minéraux et nutriments contenus dans des végétaux ne sont pas assimilables par nos organismes. Il ne suffit pas de sucer des clous pour absorber son fer ni de manger de la craie pour fortifier son squelette !

Les pâtes fraîches : du goût en supplément

Les pâtes fraîches n'ont pas subi de séchage. Elles ont donc une teneur en eau plus importante et se conservent naturellement moins longtemps. Il faut les consommer rapidement et ne pas les dénaturer lors de la cuisson, plus rapide que celle des pâtes sèches. Quelques gouttes d'huile ajoutées avec le sel évitent leur agglomération.

Les pâtes fraîches sont souvent au blé tendre. De ce fait, elles sont moins intéressantes car leur index glycémique est plus élevé. Il est donc important de vérifier leur fabrication. Vous les reconnaissez à leur couleur blanchâtre. La plupart contiennent des œufs qui leur donnent plus de résistance à la cuisson. Une pâte alimentaire qui gonfle et devient molle n'est pas satisfaisante.

Les pâtes à la farine

Certaines pâtes fraîches sont confectionnées avec de la farine de blé. Mais, plus le type de la farine est élevé, plus la teneur en sels minéraux est grande. Une farine de type 45, utilisée en pâtisserie, ne contient que 45 mg de sels minéraux pour 100 g de produit sec. C'est la farine blanche classique. Pour comprendre l'importance du choix de la farine, il suffit de jeter un œil sur le tableau suivant.

Types de farines	**Sels minéraux (en milligrammes pour 100 g de produit)**
45	45 mg
405	380 à 470 mg
550	490 à 580 mg
1 600	1 550 à 1 750 mg

Si vous voulez confectionner des pâtes fraîches, il faut choisir de la farine de type 405 et compter 100 g de farine pour un œuf pour obtenir un résultat satisfaisant sur le plan nutritif. Vous pouvez aussi mélanger cette farine avec de la farine au blé complet qui a gardé son germe. Les pâtes seront plus grises et plus fermes.

➤ *Le choix des formes*

En Italie, les pâtes sont de formes diverses, ce qui explique peut-être la propension à en manger davantage. Cette particularité remonte au Moyen Âge où les cuisiniers font preuve d'imagination. Certains utilisent leur pouce pour façonner la pâte : ce sont les *croseti*. D'autres taillent les pâtes en julienne : ce sont les *formentine*. Les *pappardelle* existent déjà : elles ont la forme de lanières larges et dentelées, on les réserve aux recettes de lièvre, notamment dans le nord de l'Italie. Les pâtes s'adaptent même aux menus de Carême : il s'agit des *tortelli* farcis de légumes, champignons, herbes, d'amandes, hauts en couleur. À la Renaissance, les *ravioli* sont farcis de ricotta, de parmesan et d'œufs. Ils s'imposent dans le nord tandis que les *cappelletti*, qui ressemblent à de petits chapeaux triangulaires, font fureur au sud. Les Vénitiens perpétuent la tradition des *aneloti*, anneaux farcis.

Aujourd'hui, les régions gardent leur particularité. À Naples, on apprécie les pâtes longues, qu'elles soient plates ou rondes. À Bologne, on préfère les *tagliatelle* tandis qu'à Gênes, on mange surtout des pâtes courtes. Les pâtes longues et rondes, comme les *spaghetti*, sont comprimées dans une presse et passées à travers une filière qui permet de faire des fils : c'est le tréfilage. On les mange souvent en sauce. Les pâtes en rubans, comme les *tagliatelle*, sont laminées dans des rouleaux : c'est le laminage.

Les *spaghetti* se caractérisent par leur longueur mais il en existe de gros calibre (*spaghettoni*), ou de plus fin. Ainsi le *capellini* est le champion de la minceur devant le *spaghettini*. Lorsque le *spaghetti* devient creux, il prend le nom de *bucatini* ou *bigoli* en territoire vénitien. Mais, dans ce cas, il s'agit de pâtes à la farine complète. On les mange en Vénétie avec de l'huile, des anchois et de l'ail.

Les *tagliatelle* ont aussi leurs humeurs. Les *fettucelle* sont des rubans plus minces que les *tagliatelle*, les *lasagnette* plus larges et dentelées sur les côtés, les *lasagne* s'épaississent encore tout en gardant leurs dentelures. Les *fusilli*, les *penne* sont des pâtes courtes qui se prêtent davantage aux salades. Les premières sont pleines et en spirales, les secondes trouées tandis que les *macaroni*, troués eux aussi, sont plutôt dégustés en gratin. Les *cannelloni* sont de gros *macaroni* que l'on farcit. Pour varier les plaisirs, les fabricants ajoutent parfois à la pâte des légumes ou des aromates : tomates, betterave, ail, truffe, cèpes, potiron, encre de seiche, basilic, curcuma, safran. On trouve même des pâtes bleues au curaçao et noires au chocolat !

La cuisson et les sauces

La cuisson des pâtes est importante. Les Italiens aiment « croquer » les pâtes : c'est la cuisson *al dente* qui signifie « à la dent ». C'est une tradition qui vient de Naples mais aussi tout simplement la meilleure cuisson pour préserver les vertus nutritives de la semoule de blé dur.

Rappelez-vous : plus les pâtes sont cuites, plus l'index glycémique augmente (voir « Côté santé », p. 33) et plus rapide est la digestion. Pour que les pâtes restent un sucre lent, leur cuisson doit être courte.

➤ *Les sept règles d'or de la cuisson*

Réussir des pâtes n'est pas compliqué mais il faut rester vigilant pour éviter les débordements et ne pas dépasser le temps nécessaire à la cuisson. Lorsque les pâtes sont cuites, il faut les égoutter aussitôt. La manœuvre doit être courte afin de conserver un peu de l'eau de cuisson riche en vitamines.

En France, la préparation des pâtes est souvent négligée. Il n'en est pas de même en Italie ou les transalpins respectent scrupuleusement les règles de cuisson de leur aliment national. Les pâtes sont consommées *al dente*. Vous pouvez également les cuire fermes, soit une minute de moins, selon la façon dont vous les accompagnez. Si la sauce est chaude, les pâtes continueront de cuire à son contact. La cuisson « ferme » signifie que la pâte contient encore un petit point blanc au milieu. Si vous avez dépassé le temps de cuisson, versez vite un verre d'eau froide pour stopper l'ébullition.

Al dente *: une conduite à tenir*

Le terme *al dente* éclaire sur une conduite à tenir indispensable : cuire peu les pâtes pour les manger lentement. Plus elles sont croquantes, plus on les mastique. Plus la mastication est longue, plus la digestion est lente et compatible avec la beauté et la santé. En effet, la mastication fait saliver et facilite la digestion de l'amidon. De ce fait, elle calme l'appétit et permet de manger moins. Non seulement votre organisme en tirera un meilleur profit mais vous ne grossirez pas.

Cuire les pâtes *al dente*, c'est respecter la règle des trois chiffres suivants : 10-100-1000 :

– 10 g de sel,
– 100 g de pâtes,
– 1 000 g d'eau (soit un litre).

Le tableau suivant indique les sept règles d'or de la cuisson des pâtes.

Les sept règles d'or
– Versez 1 litre d'eau pour 100 g de pâtes. – Comptez 10 g de sel (gros sel gris iodé). – Salez l'eau au moment de l'ébullition. – Remuez fréquemment au cours de la cuisson. – Gouttez souvent. – Égouttez rapidement. – Gardez un peu d'eau de cuisson pour la sauce.

Quand vous versez les pâtes dans l'eau en ébullition, la température baisse. Il faut donc que vous augmentiez le feu pour revenir à une température de 100 °C afin de ne pas dissoudre l'amidon et le gluten dans l'eau. Cette dissolution aurait pour effet de coller les pâtes entre elles, ce qui serait dommageable au goût et à l'aspect, et altérerait leurs qualités nutritives.

Selon la composition ou le poids, les quantités d'eau peuvent augmenter. Les pâtes fraîches ont besoin d'être à l'aise, de même que les pâtes fines. Il vaut mieux mettre davantage d'eau que de diminuer la quantité. Dans tous les cas, prévoyez que votre marmite soit assez grande pour éviter les débordements car les pâtes gonflent au cours de la cuisson. Traditionnellement, on égoutte les pâtes, on les glisse dans le plat de service et on les assaisonne en mélangeant avec délicatesse. On peut aussi les verser directement dans la sauce et mélanger ensuite mais c'est plus délicat.

Dans le tableau suivant, nous avons indiqué les temps de cuisson approximatifs des pâtes selon que vous les aimez fermes ou *al dente*. Comme ils peuvent varier selon les marques, en fonction du calibre ou de la qualité de la semoule, regardez d'abord le temps indiqué sur le paquet et ajustez la cuisson en goûtant souvent pour que les pâtes soient fermes quand vous les versez dans une sauce chaude, ou *al dente* si vous les assaisonnez à froid, pour faire une salade par exemple.

Les pâtes	**Les cuissons (en minutes)**
Tagliatelle	3 à 6[1]
Lasagnette	4-5
Bucatini, macaroni	7-8
Spaghetti	8 à 10
Riso	10-11
Penne lisce	10-11
Fusilli	11-12
Penne rigate	12-13
Cannelloni, lasagne	5 à 20[2]

1. Selon le calibre des pâtes.
2. Selon que les pâtes sont farcies ou non.

Les pâtes fines cuisent plus vite que celles de calibre plus gros, les farcies plus lentement que les creuses. Si vous choisissez des pâtes fraîches, sachez qu'elles sont cuites dès qu'elles remontent à la surface. En général, leur cuisson est courte.

Les pâtes cuites et égouttées : un conseil en passant

L'amidon commence sa cuisson à soixante degrés et c'est la chaleur de l'eau qui va produire cette réaction lorsqu'elle pénètre à l'intérieur de la pâte. Il faut donc savoir que le seul fait d'égoutter les pâtes ne va pas stopper instantanément leur cuisson. Cela a des conséquences importantes :

- si les pâtes sont destinées à être consommées aussitôt, égouttez-les et ajoutez la sauce en diluant au besoin avec un peu d'eau ;
- si les pâtes sont consommées en salade, augmentez le temps de cuisson d'une minute. Il vaut mieux qu'elles soient bien cuites. En ce cas, ajoutez un peu d'huile de noix ou de sauce de soja, du vinaigre balsamique ou du citron.

➤ *Les sauces en mode* moderato

Depuis le Moyen Âge, le concept de plat unique existe en Italie, seul l'accompagnement a changé avec les années. Jusqu'en 1830, on mange principalement les pâtes sans sauce ou avec un peu de fromage : c'est le mode *asciutto*, c'est-à-dire sec, commun dans toute l'Italie. On parle alors de *pastasciutta*, pâte sèche, en opposition à la *pasta in brodo*, c'est-à-dire en potage. Peu à peu, les cuisiniers abandonnent la liaison au sucre mais gardent le mariage des pâtes avec les épices, notamment la cannelle et les noix. Le véritable *pesto* est d'ailleurs réalisé à Gênes avec des noix pilées en 1863.

Dans les classes aisées, on ajoute du beurre au fromage. Cette tradition, courante au XVIIIe siècle, est encore en usage en Italie, ce qui explique que les maladies cardio-vasculaires y soient fréquentes, du moins dans le Nord. L'accompagnement de fromage a prévalu jusqu'à ce que la tomate, ramenée par les conquérants espagnols arrive en Italie. Méprisée, parce que vénéneuse ou supposée telle, elle devient appréciée parce que savoureuse. En 1832, Vincenzo Agnoletti, faiseur de liqueurs à Parme, propose des recettes pour préparer des coulis, des conserves et même des tomates séchées. De la tomate à la sauce, il n'y a qu'un tour de main que réalisa Vincenzo Corrado. On trouve sa recette dans le *Cuoco galante* daté de 1773. Au XIXe siècle, on ajoute du basilic. La sauce

➤ *Comment choisir les accompagnements*

Les vins sont riches en polyphénols responsables du *french paradoxe*, qui fait que les Français amateurs de vins se portent plutôt bien, du moins ceux qui n'en abusent pas. Les tanins du vin rouge notamment ont un rôle protecteur sur nos artères. Les plantes aromatiques et les condiments contiennent aussi des nutriments protecteurs qu'il ne faut pas négliger.

Les vins

Les pâtes et le vin font bon ménage à condition que ce soit un vin assez corsé qui tienne bien en bouche. Au Moyen Âge et à la Renaissance, les Toscans buvaient un vin rouge, le *trebbiano*.

Deux ou trois verres de vin rouge sont conciliables avec la santé. Si vous n'aimez pas le vin rouge, choisissez du rosé ou du blanc qui s'harmonisent bien avec les pâtes ou buvez de l'eau tout simplement. Les vins tenaces sont plus adaptés à la cuisine des pâtes, notamment les vins italiens. Si vous préférez les vins français, choisissez ceux dont le goût s'en approche le plus.

Vins rosés	Vins rouges	Vins blancs
Moscatto	Merlot	Languedoc
Castel del Monte	Grignolino	Roussillon
Côtes-de-Provence	Barolo	Chardonnay
Coteaux Varois	Nebbiolo	Grenache
Roussillon	Lambrusco	Coteaux Varois
Côtes-du-Rhône	Valpolicella	Pinot gris

Nous avons demandé conseil à un chef pour vous aider dans le choix des vins, en fonction des recettes proposées. Selon Christophe Beaufront, les blancs permettent un meilleur équilibre en bouche avec les soupes, mais les rosés de Provence ou ceux des coteaux varois sont suffisamment épicés pour ce genre de plat. Les salades de pâtes vont mieux avec les blancs comme ceux du Languedoc et du Roussillon, ou les côtes-du-Rhône du sud, notamment les cépages Marsanne ou Roussanne. Les rosés du Roussillon, cépage Syrah, conviennent bien aux plats végétariens. Les blancs aromatiques, cépage Roll, et les coteaux varois blancs s'accordent aux plats de poisson et au parfum de l'huile d'olive. Pour la volaille, les jeunes vins rouges de la vallée sud du Rhône, notamment ceux dont les cépages sont des grenache rouge ou noir, sont parfaits. Les vins du Languedoc et du Roussillon, cépages grenache, carignon, syrah ou cinsault, sont à conseiller sur les viandes.

Le bon grain et l'ivresse

Dans l'Antiquité, le vin était considéré comme un fortifiant. La vie civile est scandée par les guerres et lorsque le médecin Machaon est blessé au cours d'un combat, Homère lui verse un verre de vin pour soutenir ses forces défaillantes.

Si le vin contient des éléments protecteurs, on ne doit cependant pas en abuser. Un ou deux verres par repas sont suffisants pour se protéger sans s'enivrer. Au-delà, les risques d'accoutumance ne sont pas loin et l'alcoolisme guette, même s'il est mondain. D'autre part, un verre d'alcool apporte des calories. Celles-ci sont immédiatement brûlées mais c'est le foie qui fait office de cheminée et, pendant qu'il joue son rôle, il ne brûle pas les graisses. Or 1 gramme d'alcool apporte environ 7 calories.

L'intoxication alcoolique est nocive et peut devenir un danger mortel. Néanmoins de faibles doses, au maximum deux à quatre verres de vin par jour, ont un effet positif sur la santé. Outre ses vertus sociales, il ne fait pas grossir, il a un effet positif sur le cœur et les vaisseaux, il renforce les défenses immunitaires et augmente le taux du bon cholestérol. L'apport calorique couvre 10 % de la ration calorique des hommes et moitié moins pour les femmes.

Si vous ne pouvez pas vous passer de vin, limitez votre ration de glucides d'un tiers mais ce serait dommage de vous priver de leurs bienfaits. Dégustez plutôt votre vin à petites gorgées, vous apprécierez mieux son parfum et il vous sera de plus de profit. De plus, il rehaussera le goût de vos pâtes. À bon grain, bon vin !

Mais, il faut aussi boire de l'eau, environ un litre à un litre et demi par jour, de préférence de l'eau minérale qui apporte des nutriments essentiels à l'organisme. À Rome, le vin était déjà considéré comme une boisson énergétique et l'eau bue pour épurer l'organisme à condition d'être de pluie et filtrée !

Les herbes aromatiques et les condiments

Au XVIIe siècle, il devient à la mode de manger maigre. Les herbes du jardin sont employées pour relever les plats. Si les aromates ont leur importance dans l'assaisonnement en général et les pâtes en particulier, c'est qu'ils n'apportent aucune calorie mais des vitamines B9, C, du bêta-carotène et des minéraux comme le calcium, le fer, le potassium. De plus, ils exaltent les saveurs. Par leurs arômes, ils limitent la consommation de sel et d'huile.

Comme les aromates, les épices apportent des minéraux à l'organisme : magnésium, fer, potassium, calcium et phosphore ainsi que des fibres, de la vitamine B3 et du bêta-carotène mais peu de calories. Ils exaltent les saveurs pour le plus grand profit des papilles et ont un pouvoir antioxydant non négligeable. D'ailleurs, les Crétois font une grande consommation d'aromates et de tisanes. Les herbes, les condiments et les épices, qui accommodent le mieux les pâtes, sont répertoriés dans le tableau suivant.

Les herbes	Les condiments	Les épices
Basilic	Câpres	Cumin
Ciboulette	Citron	Curcuma
Coriandre	Orange	Gingembre
Estragon	Tabasco	Muscade
Persil	Pamplemousse	Paprika
Romarin	Sauce de soja	Piment
Sauge	Vinaigre balsamique	Safran

La plupart des herbes aromatiques sont digestives. Camphré, le basilic aurait même des propriétés anti-inflammatoires comme le curcuma. En Égypte ancienne, on employait le cumin pour parfumer mais aussi pour combattre les troubles digestifs. La sauge est riche en flavonoïdes et huile essentielle, ce qui lui confère des effets protecteurs sur la beauté connus depuis l'Antiquité.

Cette attention portée aux aromates remonte à la traduction en latin par Gérard de Crémone du *Canon de la médecine* du médecin arabe Avicenne, né en 980. Les aromates arrivent d'Inde ou de Chine et transitent par Gênes ou Venise. Dès lors, il devient désormais coutumier de dire que le poivre purge, l'ail purifie, le clou de girofle attise l'activité des sucs digestifs. Le gingembre, la cannelle, la noix de muscade font partie des précautions d'hygiène mais aussi des usages de civilité. Alors n'hésitez pas, faites voyager votre imagination pour mieux vous évader et créer votre propre croisière culinaire.

DEUXIÈME PARTIE

Les recettes, l'art de cuisiner les pâtes

Les recettes que nous vous proposons sont idéales pour retrouver la ligne et rapides d'exécution. Le temps de vaisselle est en général court. L'emploi du wok en favorise la réalisation. Il remplace avantageusement la *pentola*, poêle italienne qui permet de frire ou faire sauter, car ses bords hauts et son couvercle bombé permettent des cuissons à la vapeur d'huile, ce qui limite la quantité de graisse employée. Nos recettes, testées plusieurs fois, ont été composées en fonction de trois règles essentielles :

- l'apport nutritionnel moyen nécessaire ;
- l'envie de maigrir pour ceux qui le souhaitent en sélectionnant des recettes de régime ;
- le besoin de manger davantage pour certaines personnes qui choisiront des recettes plus riches (au-delà de 600 calories par portion) ou compléteront leur repas d'un fromage ou d'un dessert. Un plat complet est souvent précédé d'une salade et suivi d'un fruit. Une soupe peut être suivie d'une salade et d'un fromage ou d'un dessert. Tout dépend de votre poids, de votre activité ou de votre gourmandise.

Nos temps de cuisson tiennent compte de la confection globale du plat, y compris celle des pâtes. Pour ces dernières, les temps peuvent varier d'un format à l'autre mais aussi, pour le même type de pâte, d'un fabricant à l'autre. En général, le temps de cuisson est indiqué sur le paquet. Vous pouvez le respecter, mais restez vigilant et gouttez vos pâtes une minute avant le temps prescrit, surtout si vous les plongez ensuite dans une sauce brûlante. Elles finiront de cuire dans la sauce. Relisez les conseils donnés dans « Côté gastronomie » (voir p. 145) et n'oubliez jamais que plus vous cuisez vos pâtes, plus vous réduisez leur index glycémique, les transformant en un sucre rapide (voir « Côté santé », p. 33)

Ces recettes sont suivies d'un petit exercice car on peut faire de la gymnastique en cuisinant, à condition de respecter quelques mesures de précaution.

• Concentrez-vous sur votre tâche lorsque vous manipulez des instruments tranchants.
• Prenez garde à avoir suffisamment d'espace lorsque vous vous trouvez à proximité des appareils de cuisson.
• Soyez prudent lors de la manipulation d'ustensiles chauds et faites attention aux queues de casserole qui dépassent du plan de cuisson.
• Chaque fois que vous effectuez un mouvement, assurez-vous de votre équilibre, au besoin en prenant un point d'appui.
• Ne laissez pas vos enfants traîner dans la cuisine. La grande majorité des accidents domestiques dont ils sont victimes ont lieu dans cette pièce. Et n'oubliez pas que tout exercice pratiqué sans échauffement préalable, avec brutalité, ou dépassant vos capacités, peut provoquer des accidents musculaires. Jouez avant tout sur la souplesse, décomposez bien les exercices et accentuez vos mouvements au fur et à mesure de vos progrès.

La cuisine est la scène du cuisinier, la gestuelle est sa chorégraphie. Il n'est que d'observer le ballet des mitrons dans les cuisines d'un grand restaurant. Chacun est à sa place, tous les gestes sont précis. Mais derrière cette effervescence apparente règne une grande discipline.

Le wok

Le wok est un ustensile présent dans les cuisines chinoises depuis des siècles. En forme de bassine, il est muni de poignées et d'un couvercle bombé. Il sert à chauffer les bouillons destinés aux pâtes, à faire sauter et même cuire à la vapeur puisqu'on peut installer un panier en bambou sur une grille, en général vendue avec l'ustensile. Nous vous conseillons le wok en fonte brute avec un couvercle transparent, de la marque Bodum par exemple. D'une part vous surveillez la cuisson, d'autre part vous pouvez gratter le fond car les woks ont tendance à attacher y compris, à la longue, ceux qui sont recouverts d'un revêtement antiadhésif et dont la durée de vie est courte.

Les soupes

Bouillon d'agneau au paprika

Préparation	30 minutes
Cuisson	40 minutes
Vaisselle	20 minutes

500 calories par portion

Pour 8 personnes

500 g de pâtes à potage[1]
500 g de tomates
4 petits navets
2 petites courgettes
6 brins de coriandre

Pour le bouillon
(à préparer la veille)

3,5 l d'eau
1 kg d'épaule d'agneau désossée
2 poireaux, 2 carottes
1 oignon
4 clous de girofle
2 gousses d'ail
1 bouquet garni
20 grains de poivre noir
2 c. à café de gros sel gris

La veille, lavez les poireaux en veillant à bien déloger la terre des feuilles. Grattez les carottes, rincez-les avec le bouquet garni. Pelez et piquez l'oignon avec les clous de girofle. Épluchez l'ail, ôtez le germe et écrasez les gousses du plat d'un couteau. Coupez les légumes en tronçons, mettez-les dans une cocotte avec le bouquet garni.

Enfermez les grains de poivre dans une boule à thé et posez la boule sur les légumes. Versez l'eau dessus, couvrez et attendez l'ébullition.

Dégraissez l'épaule le plus largement possible. Dès que l'eau bout, immergez l'épaule et laissez frémir 30 minutes. Retirez les herbes et la boule à thé. Réservez au frais.

Le lendemain sortez le bouillon, dégraissez-le et mettez-le à chauffer.

Lavez les tomates, coupez-les en deux, enlevez les pépins et concassez la chair. Rincez les courgettes, ôtez les extrémités, coupez-les en deux

1. Type étoiles, plombs, amandes, petits riz, petits crozets, petits vermicelles ou encore petites coquillettes.

dans le sens de la longueur, grattez les pépins et débitez la chair en bâtonnets. Pelez et coupez les navets en rondelles. Lavez et épongez la coriandre, coupez les tiges finement. Réservez les feuilles. Versez les légumes, les tiges de coriandre et les pâtes dans la soupe chaude. Couvrez et laissez bouillonner le temps de cuire les pâtes fermes.

Coupez la viande en morceaux en la dégraissant. Ajoutez-la aux pâtes et décorez de feuilles de coriandre.

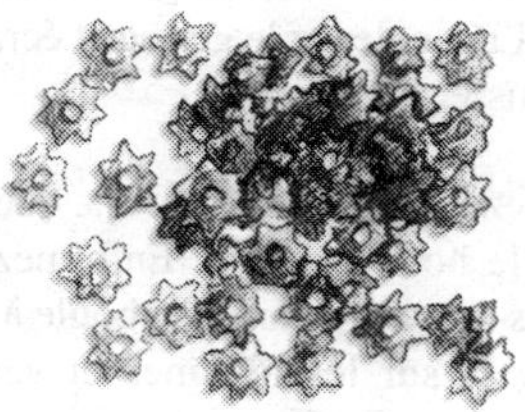

Un peu de gym en cuisine

Profitez de l'épluchage des légumes pour vous asseoir et contracter les muscles fessiers jusqu'à ce que vous ressentiez une brûlure. Relâchez et recommencez ainsi plusieurs fois de suite. Répétez souvent cet exercice que ce soit chez vous, dans les transports en commun ou au bureau, en prolongeant le temps de contraction.

L'avis du médecin

Les bouillons concentrent les vitamines et les sels minéraux, mais aussi les graisses, ce qui implique de bien dégraisser les aliments avant de les plonger dans l'eau. Cuites dans le potage, les pâtes absorbent presque un litre de bouillon, se gorgeant ainsi des éléments nutritifs. En tant que plat unique, en rajoutant un dessert lacté et un peu de vin, vous pouvez réaliser cette recette si vous êtes au régime : 500 calories et 35 g de protéines par personne.

Soupe au canard et tofu

Préparation	30 minutes
Cuisson	30 minutes
Vaisselle	20 minutes

400 calories par portion

Pour 8 personnes

3,5 l d'eau
250 g de pâtes à potage[1]
8 cuisses de canard sans la peau
200 g de tofu (ou fromage de soja)
2 carottes
2 poireaux
1/2 cœur de céleri
1 oignon
4 clous de girofle
1 bouquet garni
1 c. à café de cannelle en poudre
20 grains de poivre noir
2 c. à café de gros sel gris

Lavez le céleri et les poireaux en veillant à bien déloger la terre des feuilles. Réservez le blanc des poireaux et les feuilles tendres du céleri.

Grattez les carottes et rincez-les avec le bouquet garni. Pelez et piquez l'oignon avec les clous de girofle. Épluchez l'ail, enlevez le germe et écrasez la gousse.

Mettez les légumes dans une cocotte avec le bouquet garni. Enfermez les grains de poivre dans une boule à thé, posez-la sur les légumes et versez l'eau dessus. Couvrez et portez à ébullition.

Versez le sel, ajoutez le canard et la cannelle, couvrez et laissez frémir 20 minutes.

Émincez le poireau mis de côté. Égouttez le tofu, coupez-le en carrés.

Retirez les légumes, la boule à thé et le canard. À la place, versez les pâtes et le poireau émincé. Ajoutez le tofu

1. Type étoiles, plombs, amandes, petits riz, petits crozets, petits vermicelles ou encore petites coquillettes.

et poursuivez la cuisson le temps de cuire les pâtes fermes.

Découpez le canard en petits morceaux. Hors du feu, ajoutez les morceaux au bouillon avec le poireau et le céleri émincé. Décorez de feuilles de céleri.

Un peu de gym en cuisine

Pensez à ménager votre dos pendant que vous lavez les légumes, car la position penchée en avant n'est pas très bonne. Redressez-vous au lieu d'arrondir les épaules, rentrez le ventre et verrouillez vos vertèbres pour que votre corps se fléchisse au niveau du bassin. Ainsi, vous éviterez lumbagos et autres contractures lombaires.

L'avis du médecin

Le tofu, souvent appelé « viande sans os » ou « fromage de soja », est composé de fève de soja, légumineuse riche en calcium, vitamines et minéraux. C'est une excellente source de protéines parfaitement complémentaire de celle des pâtes, illustrant la logique des associations alimentaires. Entrée frugale, cette soupe peut convenir à un repas de diète pour rattraper un excès antérieur : 400 calories et 30 g de protéines par personne.

Soupe au canard et aux champignons

Préparation	15 minutes
Cuisson	40 minutes
Vaisselle	20 minutes

350 calories par portion

Pour 8 personnes

3,5 l d'eau
250 g de *cannelloni*
8 cuisses de canard sans la peau
6 petits navets
50 g de mousserons séchés
2 carottes
2 poireaux
1/2 cœur de céleri
1 oignon
4 clous de girofle
20 grains de poivre noir
1 bouquet garni
1 orange
1 c. à café de cannelle en poudre
2 c. à café de gros sel gris

Lavez le céleri et les poireaux en veillant à bien déloger la terre des feuilles.

Grattez les carottes, rincez-les avec le bouquet garni. Coupez les légumes en tronçons. Pelez et piquez l'oignon avec les clous de girofle. Épluchez l'ail, ôtez le germe et écrasez la gousse du plat d'un couteau.

Mettez les légumes dans une cocotte avec le bouquet garni. Enfermez les grains de poivre et de coriandre dans une boule à thé, posez-la sur les légumes et versez l'eau dessus. Couvrez et portez à ébullition. Versez le sel, ajoutez le canard et la cannelle, couvrez et laissez cuire doucement 25 minutes.

Pressez l'orange. Rincez abondamment les mousserons dans une passoire, versez le jus de l'orange dessus, couvrez et réservez au coin de votre feu.

Pelez, rincez les navets, coupez-les en morceaux. Retirez tous les légumes du bouillon ainsi que la boule à thé et le canard. Versez les navets, les champignons, les *cannelloni* et poursuivez la cuisson 6-8 minutes.

Découpez le canard et ajoutez-le au bouillon.

Un peu de gym en cuisine

Profitez de cette recette pour développer votre respiration thoracique. Debout, jambes écartées de la largeur des épaules, commencez par une grande inspiration en gonflant le thorax et en serrant le ventre. Puis entamez l'expiration en creusant le thorax et en gardant vos abdominaux contractés. Recommencez plusieurs fois sur un rythme lent. Cette respiration « économique » tonifie le ventre.
Elle est compatible avec les tenues de ville.

L'avis du médecin

L'équilibre minéral de cette recette est parfait en raison du choix de légumes dont les qualités sont complémentaires et qui apportent un exceptionnel mélange de vitamines et minéraux. Elle convient aussi bien aux enfants qu'aux personnes au régime : 350 calories et 30 g de protéines par personne.

Soupe de nouilles aux crevettes

Préparation	30 minutes
Cuisson	35 minutes
Vaisselle	15 minutes

450 calories par portion

Pour 8 personnes

3,5 l d'eau
180 g de nouilles chinoises à la semoule supérieure de blé dur
500 g de crevettes décortiquées
4 cuisses de poulet sans la peau
1/2 cœur de céleri
2 poireaux
2 carottes
1 oignon
4 clous de girofle
2 gousses d'ail
1 bouquet garni
20 grains de poivre noir
2 c. à café de gros sel gris

Lavez le céleri et les poireaux en veillant à bien déloger la terre des feuilles.

Grattez les carottes, rincez-les avec le bouquet garni. Coupez les légumes en tronçons. Pelez et piquez l'oignon avec les clous de girofle. Épluchez l'ail, ôtez le germe et écrasez la gousse du plat d'un couteau.

Mettez les légumes dans une cocotte avec le bouquet garni. Enfermez les grains de poivre dans une boule à thé, posez-la sur les légumes et versez l'eau dessus. Couvrez et portez à ébullition. Dès l'ébullition, versez le sel, ajoutez le poulet, couvrez et laissez frémir 25 minutes.

Décortiquez les crevettes. Retirez les légumes, le poulet et la boule à thé du bouillon. Décortiquez et coupez le poulet en lamelles.

Faites chauffer 1/2 l de soupe dans un wok, délayez les nouilles sur feu doux. Ajoutez la totalité du bouillon, le poulet et les crevettes. Remuez 1 minute avant de servir.

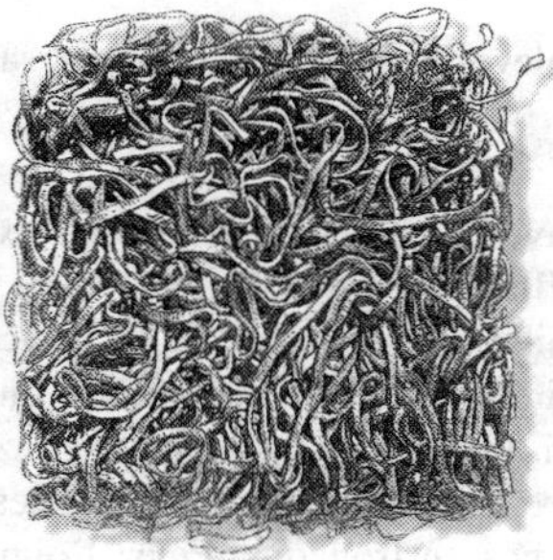

Un peu de gym en cuisine

Après la respiration thoracique, prenez l'habitude de pratiquer une respiration abdominale. Elle renforce la musculature du ventre. Pratiquée debout, assis ou couché, elle détend. Prenez une inspiration profonde en gonflant le thorax et le ventre pour solliciter le diaphragme, puis entamez l'expiration en contractant les abdominaux. Videz vos poumons entièrement et recommencez plusieurs fois.

L'avis du médecin

Riche en protéines et pauvre en graisses, cette recette est parfaite pour un régime d'autant que les poireaux apportent du fer et du calcium, les crevettes du calcium et du magnésium. Il suffit de la compléter par un dessert : 450 calories et environ 30 g de protéines par personne.

Bouillon de coquelet

Préparation	30 minutes
Cuisson	30 minutes
Vaisselle	20 minutes

500 calories par portion

Pour 8 personnes

3,5 l d'eau
8 petits coquelets
250 g de pâtes à potage[1]
3 poireaux
2 carottes
1/2 cœur de céleri
1 oignon
4 clous de girofle
2 gousses d'ail
1 bouquet garni
20 grains de poivre noir
2 c. à café de gros sel gris

Enlevez la peau aux coquelets, salez-les.

Lavez le céleri et les poireaux en veillant à bien déloger la terre des feuilles. Réservez un peu de blanc des poireaux et les feuilles tendres du céleri. Grattez les carottes et rincez-les avec le bouquet garni. Coupez les légumes en tronçons. Pelez l'oignon, piquez-le avec les clous de girofle. Épluchez l'ail, enlevez le germe et écrasez la gousse du plat d'un couteau.

Mettez les légumes dans une cocotte avec le bouquet garni. Enfermez les grains de poivre dans une boule à thé, posez la boule sur les légumes. Versez l'eau dessus, couvrez et attendez l'ébullition pour immerger les coquelets. Couvrez et laissez frémir 20 minutes.

Émincez le blanc des poireaux finement. Retirez les coquelets et les légumes. À leur place, versez les poireaux émincés et les pâtes. Poursuivez

1. Type étoiles, plombs, amandes, petits riz, petits crozets, petits vermicelles ou encore petites coquillettes.

la cuisson le temps de cuire les pâtes fermes.

Décortiquez et émincez les coquelets. Versez les morceaux dans la soupe. Décorez de feuilles de céleri.

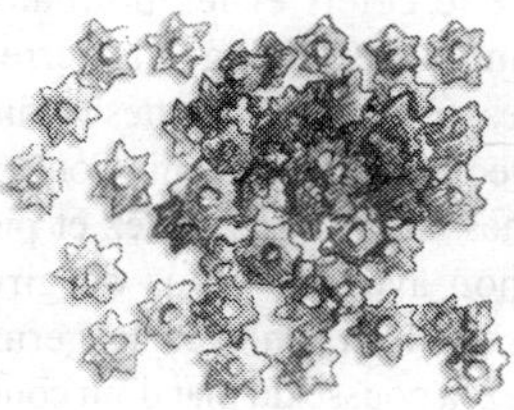

Un peu de gym en cuisine

Quand vous décortiquez les coquelets, effectuez des petites flexions au niveau des genoux pour basculer du bassin vers l'avant et étirer le bas du dos. N'oubliez pas de rentrer le ventre et serrer les muscles fessiers. Pensez à réaliser cet exercice dans votre vie quotidienne, dans les transports notamment, il prévient les traumatismes lombaires.

L'avis du médecin

Depuis quarante ans, la consommation annuelle des volailles est passée de 10 à 25 kg par personne. La chair est en général maigre, mais la peau a une proportion de graisses qui atteint souvent 50 %, ce qui l'exclut des régimes ; les acides gras saturés sont minoritaires (40 %) et les acides gras essentiels importants. Toutes ces qualités font des volailles des produits parfaits pour l'équilibre alimentaire, à condition de bien choisir les labels. C'est une recette minceur : 500 calories et 40 g de protéines par personne.

Soupe à la pintade

Préparation	30 minutes
Cuisson	30 minutes
Vaisselle	20 minutes

400 calories par portion

Pour 8 personnes

3,5 l d'eau
250 g de pâtes à potage[1]
1 grosse pintade en morceaux
2 poireaux
2 carottes
1/2 cœur de céleri
1 oignon
4 clous de girofle
2 gousses d'ail
1 bouquet garni
20 grains de poivre noir
2 c. à café de gros sel gris

Enlevez la peau de la pintade.

Lavez le céleri et les poireaux en veillant à bien déloger la terre des feuilles. Grattez les carottes et rincez-les avec le bouquet garni. Coupez les légumes en tronçons. Pelez et piquez l'oignon avec les clous de girofle. Épluchez l'ail, enlevez le germe et écrasez la gousse du plat d'un couteau.

Mettez les légumes dans une cocotte avec le bouquet garni. Enfermez les grains de poivre dans une boule à thé, posez-la sur les légumes et versez l'eau dessus. Couvrez et portez à ébullition. Versez le sel, ajoutez la pintade, couvrez et laissez frémir 20 minutes.

Retirez les légumes du bouillon, la boule à thé et la pintade. À la place, versez les pâtes, couvrez et laissez bouillonner le temps de cuire les pâtes fermes.

Décortiquez la pintade, coupez-la en lamelles et ajoutez les morceaux au bouillon.

1. Type étoiles, plombs, amandes, petits riz, petits crozets, petits vermicelles ou encore petites coquillettes.

Un peu de gym en cuisine

Lorsque vous restez sur place, même quelques secondes, gardez les genoux groupés et fléchissez légèrement vos jambes. Twistez en faisant pivoter vos genoux à droite et à gauche de votre bassin, dans un mouvement souple comme si vous dansiez. Vous allégerez vos jambes et activerez votre circulation sanguine. Cet exercice est une excellente préparation au ski.

L'avis du médecin

Ces dernières années, les volailles ont envahi les rayons de boucherie. Cuisses, filets et magrets sont prêts à consommer, souvent peu gras, mais posent le problème de l'élevage industriel. Nous vous conseillons de choisir des volailles entières, issues d'élevages fermiers ou biologiques, élevées au grain et non avec des farines de provenance plus ou moins douteuse. Moins grasses, ces volailles sont aussi une meilleure source de protéines. Voilà un bouillon parfait pour un repas frugal ou une entrée : 400 calories et 35 g de protéines par personne.

Nouilles au bouillon de porc et chou chinois

Préparation	30 minutes
Cuisson	35 minutes
Vaisselle	20 minutes

300 calories par portion

Pour 8 personnes

3,5 l d'eau
180 g de nouilles chinoises à la semoule de blé dur
800 g de filet de porc dégraissé
1 chou chinois
1/2 cœur de céleri
1 oignon
4 clous de girofle
2 gousses d'ail
1 bouquet garni
20 grains de poivre noir
2 c. à café de gros sel gris

Lavez le chou, enlevez le trognon et les feuilles flétries. Coupez le chou en quatre. Rincez et épongez le bouquet garni. Pelez l'oignon, piquez-le avec les clous de girofle. Épluchez l'ail, ôtez le germe et écrasez la gousse du plat d'un couteau.

Mettez le chou et le bouquet garni dans une cocotte. Enfermez les grains de poivre dans une boule à thé, posez-la sur les légumes et versez l'eau dessus. Couvrez et portez à ébullition. Ajoutez le sel, couvrez et laissez frémir doucement 5 minutes.

Retirez le chou. Mettez le porc dans le bouillon, couvrez et poursuivez la cuisson 25 minutes. Réservez 5 minutes hors du feu.

Émincez le chou. Réservez.

Retirez le filet de porc, la boule à thé et le bouquet garni. Coupez le porc en lamelles.

Faites chauffer 2 louches de bouillon dans le wok. Dès l'ébullition, ajoutez les nouilles. Séparez-les avec des baguettes pendant 1 minute en rajoutant du liquide au fur et à mesure.

Ajoutez le porc et le chou au bouillon.

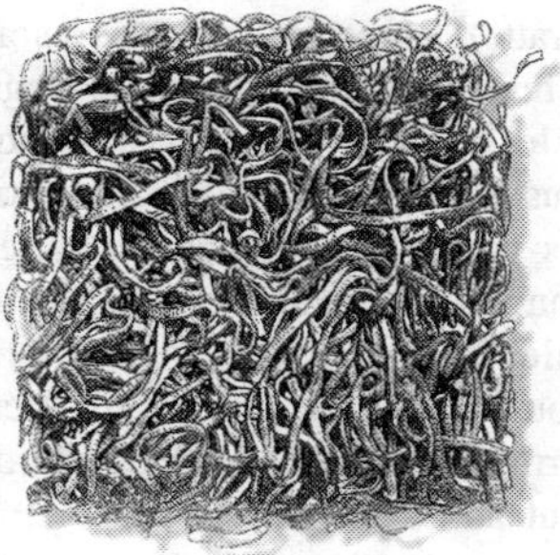

Un peu de gym en cuisine

Pendant la réalisation de cette recette, posez vos pieds parallèles, écartez-les de quelques centimètres et répartissez votre poids sur les deux jambes. Serrez les muscles fessiers, rentrez le ventre et claquez les talons comme pour vous mettre au garde-à-vous. Cet exercice assez énergique tonifie les muscles fessiers et prévient les contractures au niveau des jambes.

L'avis du médecin

Le porc est une viande grasse (3 % à 22 % de lipides) mais le filet est la partie la plus maigre du porc au même titre que certains jambons avec une teneur en graisse qui avoisine les 5 %. Cette recette est recommandée pour un régime : 300 calories et 25 g de protéines par convive.

Bouillon de poulet safrané

Préparation	30 minutes
Cuisson	30 minutes
Vaisselle	20 minutes

350 calories par portion

Pour 8 personnes

3,5 l d'eau
8 cuisses de poulet sans la peau
250 g de pâtes à potage[1]
500 g de tomates
2 poireaux
2 carottes
1 oignon
4 clous de girofle
2 gousses d'ail
1 c. à café de cannelle en poudre
2 doses de filaments de safran
1 bouquet garni
20 grains de poivre noir
2 c. à café de gros sel gris

Grattez les carottes, rincez-les avec le bouquet garni. Coupez le trognon et le vert des poireaux, passez-les sous l'eau froide en écartant les tiges des poireaux pour déloger la terre. Coupez les légumes en morceaux. Pelez et piquez l'oignon avec les clous de girofle. Pelez l'ail, ôtez le germe, écrasez la gousse du plat d'un couteau.

Mettez les légumes et le bouquet garni dans une cocotte. Enfermez les grains de poivre dans une boule à thé, posez-la sur les légumes. Versez l'eau dessus, couvrez et portez à ébullition. Dès que l'eau bout, salez, ajoutez les cuisses de poulet, couvrez et laissez frémir doucement 20 minutes.

Rincez les tomates dans une passoire, coupez-les en deux et ôtez les pépins avec une petite cuillère. Concassez la chair.

Quand le poulet est cuit, retirez-le du bouillon. Enlevez tous les légumes, les herbes et les épices. À la place

1. Type étoiles, plombs, amandes, petits riz, petits crozets, petits vermicelles ou encore petites coquillettes.

versez les tomates et les pâtes dans le bouillon. Couvrez et laissez frémir le temps de cuire les pâtes fermes.

Pendant ce temps, décortiquez le poulet et coupez-le en lamelles. Hors du feu, ajoutez le safran et le poulet. Remuez et attendez 2 minutes avant de servir.

Un peu de gym en cuisine

En attendant la fin de la cuisson des pâtes, nouez vos mains derrière le dos et tirez sur vos bras en arrière pour détendre vos épaules en inspirant profondément. Répétez cet exercice dans votre vie quotidienne, que vous soyez assis ou debout. Il diminuera votre stress.

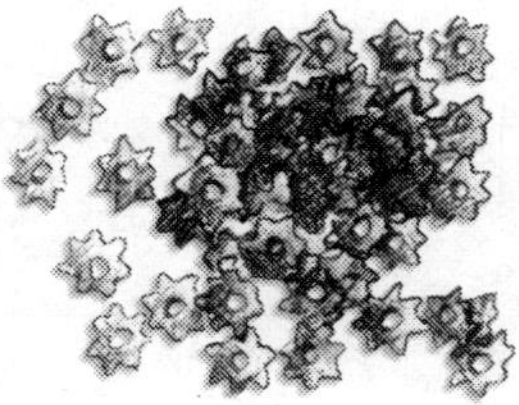

L'avis du médecin

Il faut environ 200 000 feuilles de *crocus sativus* pour faire un kilo de safran, ce qui en fait une épice de luxe à la saveur incomparable. La cannelle serait aphrodisiaque. Cette recette est parfaite pour un régime, une entrée ou une demi-diète : 350 calories et 35 g de protéines par personne.

Les salades

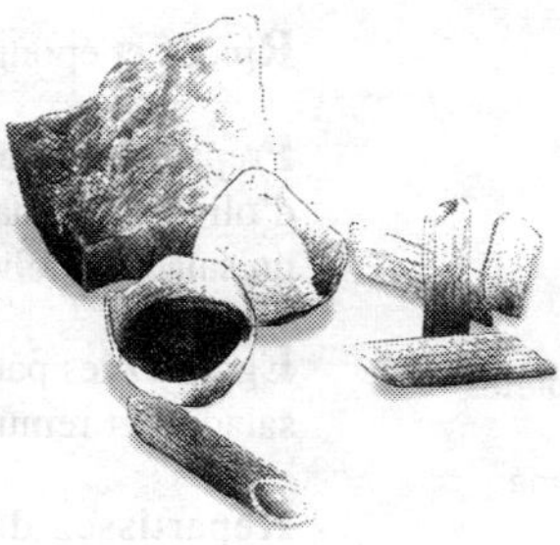

Tortils aux algues et saumon fumé

Préparation	5 minutes
Cuisson	10 minutes
Vaisselle	10 minutes

600 calories par portion

Pour 3 personnes

250 g de pâtes complètes aux algues[1] (à 3 %)
400 g de saumon fumé
1 citron
1 c. à soupe d'huile d'olive
1 c. à soupe de vinaigre balsamique
6 brins de coriandre
1 c. à café de gros sel gris
Poivre

Mettez une casserole d'eau sur le feu.

Salez au gros sel au moment de l'ébullition et ajoutez les pâtes.

Laissez bouillonner le temps de cuire les pâtes *al dente*.

Coupez le saumon en tranches fines et le citron en quartiers.

Rincez et épongez la coriandre.

Préparez la vinaigrette : versez l'huile d'olive et le vinaigre balsamique dans un saladier, poivrez.

Égouttez les pâtes, versez-les dans le saladier et remuez bien.

Répartissez dans les assiettes du service.

Posez les tranches de saumon sur les pâtes, mettez un quartier de citron sur le côté et saupoudrez de feuilles de coriandre.

1. Vous les trouverez dans les magasins diététiques ou dans les rayons « épicerie fine » de certaines grandes surfaces.

Un peu de gym en cuisine

Profitez d'une pause pour réaliser des inclinaisons latérales du buste. Fléchissez lentement le tronc à gauche puis à droite, en bloquant le bassin, ventre serré, et en évitant de vous pencher en avant ou de vous cambrer. Plus l'exercice est prolongé, plus il affine la taille. Il peut être réalisé en position assise en évitant de rouler sur les fesses.

L'avis du médecin

Les pâtes et le saumon forment une harmonie gastronomique et diététique. 100 g de saumon fumé représentent environ 200 g de saumon frais, soit 30 g de protéines par personne et de bons acides gras. De plus le saumon apporte du magnésium, des vitamines A, D et B — notamment B3 ou PP qui est l'un des constituants du coenzyme A et l'un des éléments fondamentaux de nos métabolismes énergétiques. Choisissez des saumons de provenance sûre et de bonne qualité car il y a de grandes différences dont le prix est souvent injustifié. C'est une recette de régime : un peu moins de 600 calories par personne et 40 g de protéines.

Fettucelle aux cailles et magret de canard

Préparation	20 minutes
Cuisson	30 minutes
Vaisselle	20 minutes

700 calories par portion

Pour 3 personnes

250 g de *fettucelle*
3 cailles
100 g de magret de canard fumé
125 g de tomates cerises
1 c. à soupe de vinaigre de Xérès
1 c. à soupe de sauce de soja
2 c. à soupe d'huile de noix
Poivre

Pour le bouillon

2,5 l d'eau
1 poireau
1 carotte
1 oignon
2 clous de girofle
1 gousse d'ail
1 bouquet garni
2 c. à café de gros sel gris
Poivre

Lavez les poireaux en veillant à bien déloger la terre des feuilles. Grattez les carottes et rincez-les avec le bouquet garni. Pelez l'oignon, piquez-le avec les clous de girofle. Pelez l'ail, ôtez le germe et écrasez la gousse du plat d'un couteau.

Mettez les légumes et le bouquet garni dans une cocotte. Versez l'eau dessus, poivrez largement. Dès l'ébullition, salez, ajoutez les cailles, couvrez et laissez cuire à petits bouillons 15 minutes.

Retirez les cailles, versez les pâtes et poursuivez la cuisson le temps de cuire les pâtes *al dente*. Décortiquez les cailles, ôtez la peau, découpez la chair en lamelles et versez la sauce de soja dessus. Dégraissez le magret, coupez-le également en lamelles.

Préparez la vinaigrette dans un saladier. Mélangez le vinaigre de Xérès, l'huile de noix, le sel et le poivre.

Égouttez les pâtes. Versez-les dans le saladier, remuez bien, répartissez dans les assiettes.

Posez les cailles et le magret sur les *fettucelle* en alternant les morceaux des unes avec les tranches de l'autre. Décorez de tomates cerises.

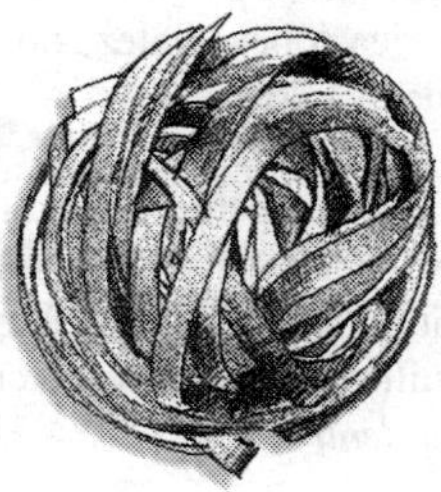

Un peu de gym en cuisine

Profitez de cette recette pour soulager votre nuque sujette aux tensions. Gardez le visage détendu et penchez votre tête lentement vers l'épaule droite puis gauche en étirant le plus possible les muscles du cou. Réalisez ce mouvement lentement pour éviter les contractures musculaires. Répétez-le souvent car les crispations sont source de vieillissement.

L'avis du médecin

Quoique d'élevage, les cailles sont peu grasses. Mais la peau des volailles peut contenir jusqu'à 50 % de graisses et il faut avoir soin de l'enlever, si possible avant la cuisson. Le magret contient des acides gras mono-insaturés. Le fait d'enlever la peau allège la recette, un peu riche pour figurer dans un régime : 700 calories et 40 g de protéines par personne.

Penne au lit vert de foies de volaille

Préparation	10 minutes
Cuisson	10 minutes
Vaisselle	20 minutes

500 calories par portion

Pour 3 personnes

250 g de *penne*
400 g de foies de volaille
250 g de pousses d'épinards
1 c. à soupe d'huile de noix
1 c. à soupe d'huile d'olive
2 c. à soupe de vinaigre balsamique
1 c. à café de gros sel gris
Sel
Poivre
Muscade

Lavez et équeutez les épinards, égouttez-les. Nettoyez les foies de volaille, enlevez la partie centrale et séparez les lobes. Salez, poivrez et muscadez les lobes.

Mettez une casserole d'eau sur le feu. Versez le gros sel au moment de l'ébullition et ajoutez les pâtes. Laissez bouillonner le temps de cuire les pâtes *al dente*.

Versez l'huile d'olive dans un wok, saisissez les foies rapidement. Versez 1 c. à soupe de vinaigre balsamique et remuez 1 minute. Couvrez et réservez hors du feu.

Préparez la vinaigrette dans un grand saladier en mélangeant l'huile de noix et 1 c. à soupe de vinaigre balsamique, salez et poivrez.

Versez les épinards dans la vinaigrette, remuez et présentez dans les assiettes individuelles.

Égouttez les pâtes, versez-les dans le wok, remuez bien le tout. Répartissez les pâtes sur les épinards.

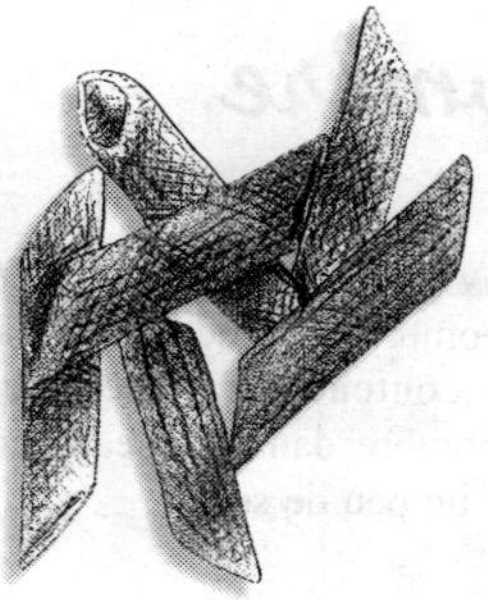

Un peu de gym en cuisine

De temps en temps, testez votre équilibre en montant sur la pointe des pieds. Gardez la position le plus longtemps possible en contractant les muscles des jambes. N'hésitez pas à prendre un point d'appui avec vos mains pour éviter de tomber. Cet exercice améliore le galbe des cuisses et des mollets.

L'avis du médecin

Le foie est une source importante de vitamines (A, D, B et même C), de minéraux (dont le phosphore) et d'oligo-éléments (dont le fer, le cuivre et le zinc). Mais il est riche en cholestérol, peut concentrer les pesticides et les médicaments vétérinaires parfois employés abusivement. Il faut donc réduire sa consommation et n'acheter que des foies de bonne qualité. Cette recette est un plat complet d'autant que les huiles apportent de bons acides gras mais, ne vous leurrez pas sur les épinards, leur fer est peu assimilable et leur richesse en acide oxalique les rend dangereux aux personnes souffrant de la goutte : 500 calories et 40 g de protéines par personne permettent à cette recette de figurer dans un régime.

Fettucelle aux crevettes et concombre

Préparation	10 minutes[1]
Cuisson	20 minutes
Vaisselle	15 minutes

500 calories par portion

Pour 3 personnes

250 g de *fettucelle*
400 g de crevettes décortiquées
1/2 concombre
4 c. à soupe de vinaigre de vin
2 c. à soupe d'huile d'olive
1 pincée de filaments de safran
1 c. à café de gros sel gris
Sel
Poivre

La veille, pelez et coupez le concombre en tranches fines avec un gros couteau économe. Mettez le concombre dans de l'eau vinaigrée avec un peu de sel.

Le jour même, décortiquez les crevettes. Saupoudrez-les de safran et versez dessus 2 c. à soupe d'huile d'olive. Poivrez et réservez dans un grand saladier.

Mettez un grand volume d'eau à bouillir. Dès l'ébullition, salez au gros sel et versez les pâtes.

Laissez bouillonner le temps de cuire les pâtes *al dente*.

Égouttez le concombre dans une passoire puis épongez-le dans un torchon. Versez-le sur les crevettes.

Égouttez les pâtes rapidement. Ajoutez les *fettucelle* aux crevettes et au concombre, remuez bien et servez aussitôt.

1. Prévoir de faire mariner le concombre la veille.

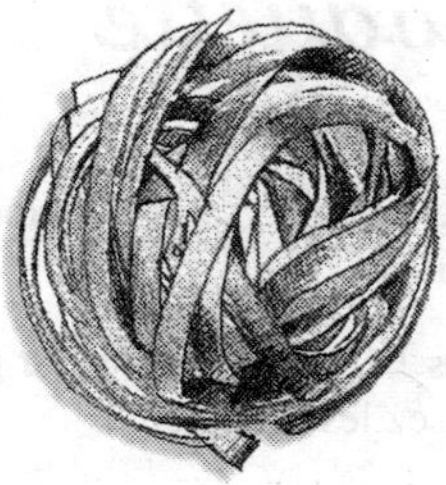

Un peu de gym en cuisine

Lorsque vous décortiquez les crevettes, écartez vos pieds de 20 cm et gardez-les parallèles. Tout en restant sur place, ventre rentré et fessiers serrés, dressez-vous sur la pointe en alternant le pied gauche puis le droit comme si vous montiez des marches d'escalier imaginaires. Réalisé sur un stepper, cet exercice cardio-vasculaire fortifie le cœur.

L'avis du médecin

Les crevettes sont une bénédiction tant pour la gastronomie et la diététique que pour le grignotage ou les amuse-gueule. Riches en protéines, leur origine sauvage en fait des aliments peu gras mais apportant malgré tout plus de 70 % d'acides gras essentiels. 100 g de crevettes entières donnent 40 g de chair comestible. Encore une recette parfaite pour maigrir : moins de 500 calories et 35 g de protéines par personne.

Tagliatelle aux écrevisses, à l'huile de truffe et à la roquette

Préparation		10 minutes
Cuisson		10 minutes
Vaisselle		10 minutes

500 calories par portion

Pour 3 personnes

250 g de *tagliatelle*
400 g d'écrevisses décortiquées (4 paquets)
1 paquet de roquette (150 g)
3 c. à soupe d'huile de truffe[1]
1 c. à soupe de vinaigre balsamique
1 c. à café de gros sel gris
Sel
Poivre

Mettez un grand volume d'eau à bouillir.

Dès l'ébullition, salez au gros sel et versez les *tagliatelle*.

Attendez la nouvelle ébullition et laissez cuire à petits bouillons 6 minutes.

Préparez la vinaigrette avec l'huile de truffe et le vinaigre balsamique. Salez et poivrez.

Versez les écrevisses dans la vinaigrette.

Lavez et épongez la roquette. Ajoutez-la aux écrevisses.

Égouttez les pâtes. Ajoutez-les aux écrevisses, remuez et servez aussitôt.

1. Vous la trouverez dans le rayon « épicerie fine » de certaines grandes surfaces.

Un peu de gym en cuisine

Pendant la cuisson des pâtes, levez vos bras à la verticale, dans le prolongement des épaules. Tirez lentement vos mains vers le haut pendant 30 secondes, comme si vous vouliez toucher le plafond.
Ce mouvement de stretching est salutaire le matin pour s'assouplir ou le soir pour se préparer au sommeil.

L'avis du médecin

Les salades comptent parmi les aliments favoris des Français, à juste titre. Riche en fibres, carotène, acide folique et vitamine C, la salade en général compense le manque d'apport en fruits à condition de ne pas la noyer dans la sauce. Cette recette accumule les qualités. Gastronomique, basée sur des crustacés maigres et riches en protéines, peu enrichie hormis par le gras de l'huile de truffe, elle est donc aussi diététique : 500 calories et 35 g de protéines par personne.

Lasagnette aux encornets et artichauts

Préparation	20 minutes
Cuisson	30 minutes
Vaisselle	30 minutes

650 calories par portion

Pour 3 personnes

250 g de *lasagnette*
600 g d'encornets
3 gros artichauts camus
1 gousse d'ail
1 citron
1 c. à soupe d'huile d'olive
1 c. à soupe de vinaigre balsamique
6 brins de persil
2 c. à café de gros sel gris
Sel
Poivre

Cassez les tiges des artichauts et enlevez les feuilles extérieures flétries. Lavez-les soigneusement en écartant les feuilles. Faites chauffer de l'eau dans un wok. Posez un panier vapeur dessus. Dès l'ébullition, versez 1 c. à café de gros sel gris et installez les artichauts dans le panier. Couvrez. Comptez 20 minutes de cuisson environ.

Ouvrez les encornets avec des ciseaux, enlevez la partie centrale et les tentacules. Lavez-les en les débarrassant de leur peau, égouttez-les, coupez-les en lanières fines.

Lavez le persil, coupez-le grossièrement. Pelez l'ail, enlevez le germe, coupez la gousse finement et versez-la dans le persil. Pressez le citron.

Mettez l'huile à chauffer dans un wok, versez les encornets, salez, poivrez. Laissez cuire quelques secondes sur feu vif. Hors du feu, ajoutez le hachis ail et persil. Versez le jus du citron dans les encornets, couvrez et réservez.

Mettez un grand volume d'eau sur le feu. Dès l'ébullition, salez au gros sel et versez les pâtes. Laissez bouillonner le temps de cuire les pâtes *al dente*.

Vérifiez que les artichauts sont cuits en tirant sur une feuille. Enlevez toutes les feuilles et le foin. Émincez les fonds. Ajoutez-les aux encornets.

Égouttez les pâtes, versez-les dans le wok, ajoutez le vinaigre, remuez et servez aussitôt.

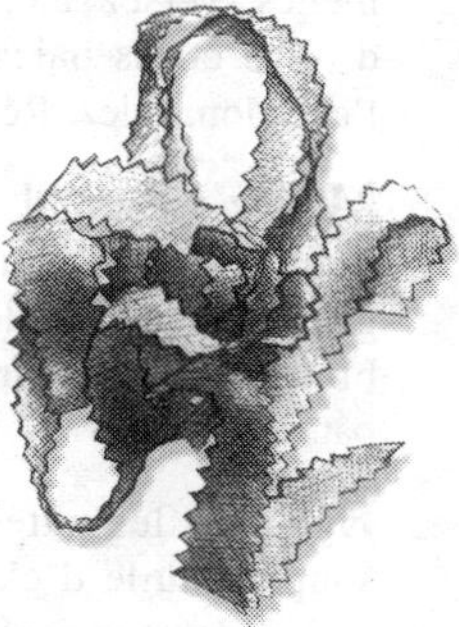

Un peu de gym en cuisine

De temps en temps, en gardant un appui avec les mains, pratiquez des élévations de la jambe libre sur le côté. Le genou d'appui est souple, le ventre rentré, le buste droit. N'allez pas trop haut et exécutez au moins quinze mouvements de chaque côté.

L'avis du médecin

Les encornets sont maigres mais souvent associés à des sauces grasses, ce qui n'est pas le cas ici. Le camus de Bretagne favorise la digestion biliaire et l'élimination. Le hachis ail et persil apporte vitamine C et carotène. Une recette qui peut être minceur à condition de ne rien manger d'autre : 650 calories et 40 g de protéines par personne.

Tagliatelle en carpaccio d'espadon

Préparation	5 minutes
Cuisson	10 minutes
Vaisselle	10 minutes

500 calories par portion

Pour 3 personnes

250 g de *tagliatelle*
2 tranches d'espadon (300 g environ)
2 c. à soupe d'huile d'olive
1 c. à soupe du mélange « 5 baies »
6 tiges de basilic
1 c. à café de gros sel gris
Sel

Rincez et épongez le basilic. Versez les baies mélangées dans un mortier et écrasez-les grossièrement. Réservez.

Escalopez l'espadon en fines lamelles. Versez 1 c. à soupe d'huile d'olive et les baies concassées sur l'espadon, salez. Réservez au frais.

Mettez un grand volume d'eau à bouillir. Dès l'ébullition, salez au gros sel et versez les pâtes. Laissez bouillonner le temps de cuire les pâtes *al dente*.

Égouttez les pâtes. Versez 1 c. à soupe d'huile d'olive sur les pâtes tièdes. Remuez et répartissez dans les assiettes individuelles. Arrangez l'espadon en pétales sur les pâtes. Décorez de feuilles de basilic.

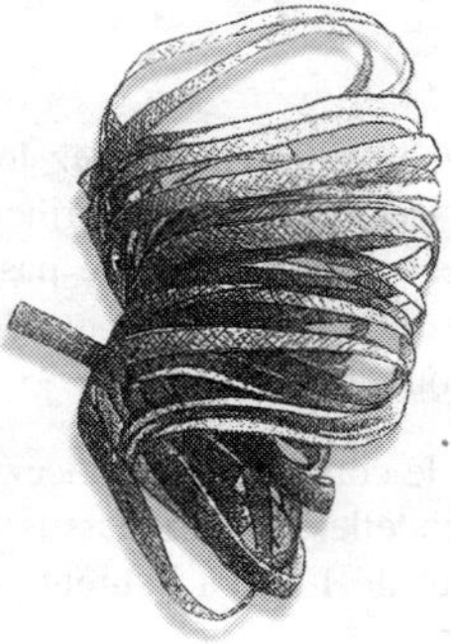

Un peu de gym en cuisine

De temps en temps, réalisez une dizaine de cercles avec votre cheville droite puis avec la gauche. Répétez ces mouvements en soignant bien la qualité de la rotation. Vous pouvez les réaliser au bureau devant un ordinateur par exemple. Ils affinent les chevilles et allègent les jambes.

L'avis du médecin

L'espadon est un poisson mi-gras, riche en magnésium et vitamine B3. Le mode de préparation en carpaccio exalte les saveurs des produits sans en détériorer les éléments nutritifs à condition de ne pas utiliser de sauces grasses. Au restaurant, ils sont d'excellents alliés pour ceux qui suivent un régime. Le basilic, ou herbe royale, fait partie de la diète méditerranéenne, mais il ne se conserve pas et doit être consommé frais. Encore une recette minceur : 500 calories et 30 g de protéines par personne.

Fettucine aux gambas, concombre et champignons

Préparation	30 minutes
Cuisson	10 minutes
Vaisselle	20 minutes

500 calories par portion

Pour 3 personnes

250 g de *fettucine*
12 gambas
250 g de champignons de Paris
1/2 concombre
2 citrons
1 c. à café de piment doux
1 c. à soupe de vinaigre de Xérès
1 c. à soupe d'huile d'olive
1 c. à café de gros sel gris
Sel
Poivre

Pressez les citrons. Coupez le pied sableux des champignons, rincez-les sous l'eau froide dans une passoire. Émincez-les. Arrosez du jus des citrons, couvrez et réservez.

Rincez le concombre, émincez-le en fines rondelles, versez dessus le vinaigre et de l'eau à hauteur, salez, couvrez.

Décortiquez les gambas, roulez les queues dans le piment. Poivrez, salez et réservez.

Mettez un grand volume d'eau à bouillir. Dès l'ébullition, salez au gros sel et versez les pâtes. Laissez bouillonner le temps de cuire les pâtes *al dente*.

Épongez le concombre et les champignons, réservez dans un torchon.

Faites chauffer l'huile d'olive dans un wok et saisissez les gambas 1 minute de chaque côté. Hors du feu, ajoutez le concombre et les champignons.

Égouttez les pâtes, versez-les dans le wok.

Un peu de gym en cuisine

En restant stable sur une jambe, effectuez des petits mouvements de danseur : pointez le pied gauche sur le côté puis ramenez-le vers la jambe d'appui, sans le poser au sol. Répétez une dizaine de fois, puis enchaînez avec le pied droit. Gardez le ventre rentré et les fesses serrées.

L'avis du médecin

Les gambas sont recommandées sans réserve lors des régimes. On trouve des champignons de Paris toute l'année, mais ne vous privez pas de ceux qui apparaissent sur le marché en automne comme les girolles ou les cèpes. Riches en fibres, vitamines B et minéraux, les champignons sont malgré tout des produits fragiles qui retiennent les polluants. Prudence donc sur leur provenance. Encore une recette minceur, de plus gastronomique : 500 calories et 45 g de protéines par personne.

Spaghetti au haddock, à la menthe fraîche et aux courgettes

Préparation	10 minutes
Cuisson	10 minutes
Vaisselle	15 minutes

500 calories par portion

Pour 3 personnes

250 g de *spaghetti*
400 g de haddock sans la peau
3 petites courgettes
2 brins de menthe
1 citron
2 c. à soupe d'huile d'olive
1 c. à café de gros sel gris
Poivre

Mettez un grand volume d'eau à bouillir. Dès l'ébullition, salez au gros sel et versez les pâtes. Laissez bouillonner le temps de cuire les pâtes *al dente*.

Coupez le haut et la base des courgettes, rincez-les et émincez-les en rondelles fines.

Faites chauffer 1 c. à soupe d'huile d'olive dans un wok, versez les courgettes, salez, poivrez et laissez dorer 2 minutes.

Rincez la menthe et coupez les feuilles finement. Hors du feu, ajoutez la menthe aux courgettes. Couvrez et réservez.

Pressez le citron. Enlevez la peau du haddock, rincez-le, épongez-le. Escalopez le haddock en tranches fines, arrosez du jus du citron et versez dessus 1 c. à soupe d'huile d'olive. Couvrez et laissez mariner le temps de cuire les *spaghetti*.

Égouttez les pâtes. Versez-les dans le wok et remuez. Répartissez dans les assiettes individuelles, posez le haddock dessus.

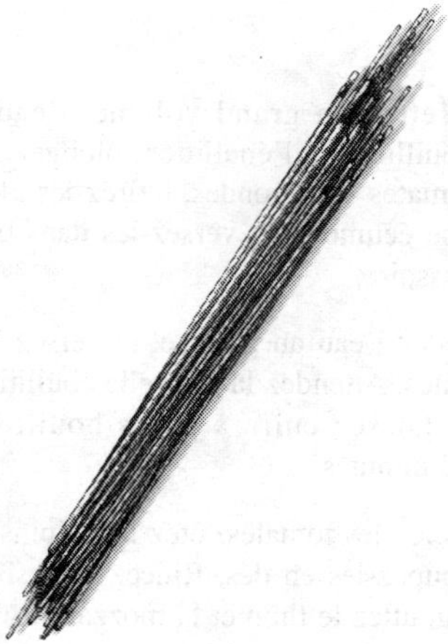

Un peu de gym en cuisine

La détente des épaules est importante, il faut y insister. Haussez les épaules doucement vers le haut puis descendez-les vers le bas et recommencez ainsi une vingtaine de fois. Gardez la tête bien droite comme si vous regardiez fièrement à l'horizon. Pratiqué souvent, cet exercice donne un port royal.

L'avis du médecin

On dit que la menthe fraîche guérirait les chagrins d'amour. Quoi qu'il en soit, elle a des vertus apaisantes sur l'estomac, ce qui explique que de nombreux médicaments à visée digestive aient un goût de menthol. Elle aide à la digestion intestinale, mais peut provoquer des insomnies. Maigre et riche en protéines de haute qualité nutritive, le haddock donne une caractère minceur indéniable à cette recette : 500 calories et 40 g de protéines par personne.

Fusilli de tomates et d'épinards au thon

Préparation		10 minutes
Cuisson		15 minutes
Vaisselle		10 minutes

550 calories par portion

Pour 3 personnes

250 g de pâtes aux trois couleurs

2 boîtes de thon au naturel (200 g égouttés)

1 sachet de mozzarella (125 g égouttés)

3 tomates moyennes branchées

3 brins de basilic

2 c. à soupe d'huile de noix

1 c. à soupe de vinaigre balsamique

1 c. à café de gros sel gris

Sel

Poivre

Mettez un grand volume d'eau à bouillir. Dès l'ébullition, plongez les tomates 10 secondes, retirez-les avec une écumoire et versez-les dans une passoire.

Salez l'eau au gros sel et versez les pâtes. Attendez la nouvelle ébullition et laissez cuire à petits bouillons 12 minutes.

Pelez les tomates, ôtez les pépins et coupez-les en dés. Rincez le basilic. Égouttez le thon et la mozzarella.

Préparez la vinaigrette dans un grand saladier avec l'huile de noix, le vinaigre balsamique, le sel et le poivre. Versez le thon et la mozzarella dedans en les coupant en morceaux.

Égouttez les *fusilli*, versez-les dans le saladier et remuez bien avant de répartir dans les assiettes individuelles. Servez en décorant de dés de tomates et feuilles de basilic.

Un peu de gym en cuisine

Profitez d'une pause pour effectuer des cercles avec les épaules dans un mouvement de rotation souple dans un sens puis l'autre, bras le long du corps. Cet exercice détend les trapèzes et soulage les cervicales. Répétez-le lorsque vous travaillez longtemps dans la même position.

L'avis du médecin

Une recette qui contient du fromage peut parfaitement être conseillée dans un régime. Mais, si vous pouvez augmenter la ration de thon au naturel, il ne faut pas abuser de la mozzarella, riche en calcium, mais malgré tout assez calorique. Authentiquement, elle est fabriquée avec du lait de bufflonnes élevées dans les marais du Sud de l'Italie, mais on trouve plus couramment de la mozzarella de vache. Cette recette reste diététique : 550 calories et 35 g de protéines par personne.

Les plats végétariens

Tagliatelle aux artichauts et févettes en tuiles de parmesan

Préparation	10 minutes
Cuisson	10 minutes
Vaisselle	10 minutes

600 calories par portion

Pour 3 personnes

250 g de *tagliatelle*
6 artichauts violets
1 kg de jeunes fèves
50 g de parmesan
1 citron
2 c. à soupe d'huile de noix
1 c. à café de vinaigre balsamique
1 c. à café de gros sel gris
Sel
Poivre

Pressez le citron. Préparez la vinaigrette avec l'huile de noix, le vinaigre balsamique, le sel et le poivre. Ajoutez le jus de citron.

Coupez la queue des artichauts, sciez les feuilles au ras du fond, enlevez le foin et émincez les fonds. Versez-les dans le saladier.

Écossez les fèves et ajoutez-les aux artichauts. Remuez et réservez.

Mettez un grand volume d'eau à bouillir. Dès l'ébullition, salez au gros sel et versez les pâtes. Laissez bouillonner le temps de cuire les pâtes *al dente*.

Pendant ce temps, taillez 6 larges tuiles de parmesan avec un gros couteau économe.

Égouttez les pâtes, versez-les dans le saladier, remuez et répartissez dans les assiettes. Posez 2 tuiles de parmesan par assiette.

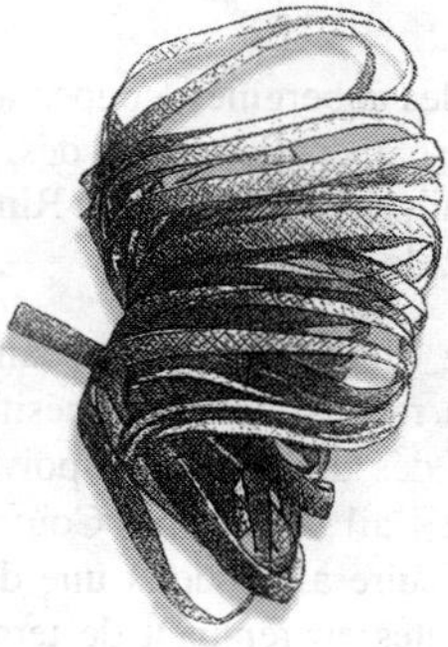

Un peu de gym en cuisine

Posez vos mains sur l'assise d'une chaise, creusez le ventre en soufflant profondément et en arrondissant le dos puis inspirez en revenant dos plat. Réalisez plusieurs mouvements en gardant les genoux souples. Cet exercice est excellent le matin au réveil.

L'avis du médecin

Cette recette est idéale pour illustrer la logique des associations alimentaires. Les pâtes sont des céréales pauvres en lysine mais riches en méthionine et tryptophane. Les fèves les complètent par leur richesse en lysine. Les artichauts violets sont, comme tous les légumes, pauvres en protéines, mais le parmesan enrichit la recette. L'huile de noix fournit l'apport nécessaire en acides gras. Une recette idéale pour les végétariens : un peu moins de 600 calories et 35 g de protéines par convive.

Tagliatelle aux aubergines sauce roquefort

Préparation	10 minutes
Cuisson	15 minutes
Vaisselle	20 minutes

700 calories par portion

Pour 3 personnes

250 g de *tagliatelle*
2 petites aubergines
200 g de roquefort
1 yaourt
1 gousse d'ail
6 brins de basilic
2 c. à soupe d'huile d'olive
1 c. à café de gros sel gris
Poivre

Lavez les aubergines, coupez le haut et la base. Détaillez-les en dés. Épluchez l'ail, enlevez le germe. Rincez et épongez le basilic.

Mettez l'huile à chauffer dans une poêle à revêtement antiadhésif. Versez les dés d'aubergines, poivrez et pressez l'ail au-dessus. Couvrez et laissez cuire à feu doux une dizaine de minutes en remuant de temps en temps.

Mettez un grand volume d'eau à chauffer. Dès l'ébullition, versez le sel. Ajoutez les pâtes et laissez bouillonner le temps de cuire les pâtes *al dente*.

Écrasez le roquefort. Ajoutez-le aux aubergines. Réservez hors du feu.

Égouttez les pâtes rapidement, versez la sauce au roquefort dedans et remuez. Décorez de feuilles de basilic.

Un peu de gym en cuisine

Pendant que vous surveillez la cuisson des aubergines, massez énergiquement le creux de vos reins avec vos poings fermés. Exécutez des petits mouvements circulaires, en appuyant sur vos lombaires pour les décontracter. Cet exercice détend tout le haut du corps.

L'avis du médecin

Le roquefort est un fromage savoureux mais gras, dont il ne faut pas abuser. En revanche, vous pouvez utiliser de petites quantités de roquefort, mélangées à du yaourt, pour composer des sauces qui vous permettront de réchauffer des pâtes par exemple. Outre son goût, l'intérêt de ce fromage est sa richesse en calcium. Les moisissures des fromages persillés ensemencent la flore intestinale et aident à la digestion. En dépit de son aspect gastronomique, cette recette ne doit pas figurer dans un régime : 700 calories et 25 g de protéines par personne.

Tagliatelle à la menthe et au chèvre frais

Préparation	5 minutes
Cuisson	10 minutes
Vaisselle	10 minutes

500 calories par portion

Pour 3 personnes

250 g de *tagliatelle*
200 g de chèvre frais
1 yaourt
1 c. à café de paprika
1 c. à café d'huile de noix
1 c. à soupe de gros sel gris
6 brins de menthe fraîche
Poivre
Muscade

Mettez un grand volume d'eau à bouillir. Dès l'ébullition, salez au gros sel et versez les pâtes. Laissez bouillonner le temps de cuire les pâtes *al dente*.

Rincez et épongez la menthe. Hachez les feuilles.

Écrasez grossièrement à la fourchette les crottins de chèvre.

Versez le fromage dans une casserole avec le yaourt, le paprika et une pincée de muscade. Faites fondre sur feu doux. Hors du feu, ajoutez l'huile de noix et les feuilles de menthe hachées, remuez bien et réservez.

Dès que les pâtes sont cuites, égouttez-les rapidement. Versez la sauce au fromage sur les *tagliatelle*.

Un peu de gym en cuisine

Pendant la vaisselle, prenez un appui stable sur la jambe gauche et tendez la jambe droite en arrière. Contractez les muscles fessiers en essayant de tenir quelques secondes. Ce mouvement est un travail anaérobie qui sculpte le corps à condition de le réaliser doucement et de le répéter souvent. On peut mettre des bracelets lestés autour des chevilles. Voilà dix minutes de gagnées au service de vos muscles fessiers.

L'avis du médecin

Symbole de la cuisine hongroise, le paprika est une poudre de poivron rouge et de piments déshydratés dont les saveurs diffèrent beaucoup selon les productions. Il se mêle bien aux œufs et au yaourt. Le mariage des pâtes et des produits laitiers entre dans la logique des associations alimentaires, les uns compensant les carences des autres. Le lait de chèvre a une composition très voisine du lait de vache mais, selon que le fromage est plus ou moins sec, la valeur calorique sera plus ou moins grande : 250 à 400 calories. Dans cette recette, le chèvre est frais, ce qui limite la teneur en graisses saturées. Ce plat peut figurer dans un régime : 500 calories et 25 g de protéines par personne.

Cannelloni d'asperges à la brousse

Préparation		15 minutes
Cuisson		25 minutes
Vaisselle		20 minutes

500 calories par portion

Pour 6 personnes

250 g de *cannelloni*
1 kg d'asperges vertes
3 oignons
2 fromages de brousse (800 g)
1 c. à soupe d'huile d'olive
1 c. à café de paprika
1 c. à café de gros sel gris
Sel
Poivre
Muscade

Allumez le four à 225 °C (th. 7-8).

Mettez une casserole sur le feu avec 5 louches d'eau. Couvrez et attendez l'ébullition.

Cassez le bout des asperges avec vos doigts. Rincez-les rapidement dans une passoire. Dès l'ébullition, versez le gros sel et plongez les asperges. Couvrez et laissez cuire 5 minutes à feu doux.

Rincez, pelez et émincez les oignons finement.

Retirez les asperges avec une écumoire et réservez le bouillon.

Avec un morceau de papier absorbant, huilez un plat à feu rectangulaire. Farcissez chaque *cannelloni* de 2 asperges mises tête-bêche. Rangez-les dans le plat.

Faites chauffer l'huile d'olive dans une sauteuse, versez les oignons, salez et poivrez légèrement. Laissez blondir doucement 1 minute. Versez 2 louches de bouillon, ajoutez le fromage et le paprika, muscadez. Délayez en ajoutant du bouillon au fur et à mesure. Mélangez quelques secondes sur feu doux. Versez dans le plat de cuisson.

Enfournez pour 20 minutes puis passez quelques secondes sous le gril.

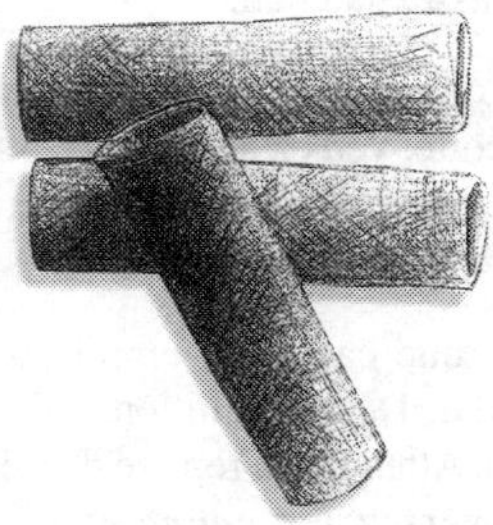

Un peu de gym en cuisine

Lorsque vous mettez votre plat dans le four, si vous avez une gazinière classique, gardez le dos bien droit pour éviter tout déséquilibre et fléchissez à fond vos jambes en soufflant. Relevez-vous en inspirant. Ces flexions renforcent la musculature du dos à condition d'être reproduites souvent. Néanmoins, faites attention si le plat est chaud.

L'avis du médecin

L'asperge verte apporte fibres, calcium, vitamines A, C, B — dont l'acide folique — et divers nutriments protecteurs. C'est un excellent aliment qui, comme les laitages, fortifie notre squelette (1 à 1,5 g par jour de calcium est conseillé, dont une partie est apportée par les eaux de boisson). Cette recette peut figurer dans un régime : 500 calories et 25 g de protéines par personne.

Penne aux orties et à la brousse

Préparation	10 minutes
Cuisson	15 minutes
Vaisselle	10 minutes

500 calories par portion

Pour 3 personnes

250 g de *penne* aux orties[1]
400 g de brousse
6 tomates moyennes
1 c. à soupe d'huile d'olive
12 feuilles de basilic large
1 c. à café de gros sel gris
Sel
Poivre
Muscade

Rincez et épongez le basilic.

Passez les tomates sous l'eau froide dans une passoire. Coupez-les en deux, épépinez-les avec une cuillère et concassez la chair.

Faites chauffer l'huile d'olive dans une cocotte. Versez les tomates, salez, poivrez et laissez mijoter doucement 7 minutes sans couvrir.

Mettez une casserole emplie d'eau sur le feu. Dès l'ébullition, salez au gros sel. Attendez la reprise de l'ébullition, versez les *penne* et laissez cuire à petits bouillons 8 minutes.

Ajoutez la brousse à la compote de tomates, muscadez et remuez de façon à obtenir une sauce homogène.

Égouttez les *penne*. Versez la sauce dans les pâtes, remuez et décorez de feuilles de basilic.

1. Vous les trouverez dans les magasins diététiques ou dans les rayons « épicerie fine » de certaines grandes surfaces.

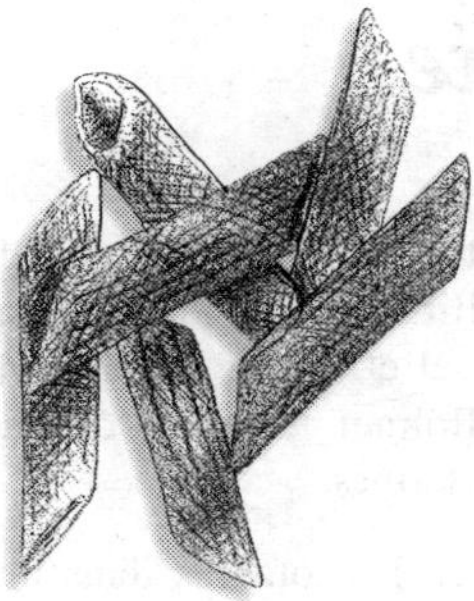

Un peu de gym en cuisine

Quand vous vous déplacez de l'évier à la cuisinière, faites de grands pas de côté en fléchissant les genoux. Prenez un appui ferme avec le talon de votre jambe d'appui et repoussez la jambe libre sur le côté. De cette façon, vous ne piétinerez pas et tonifierez le bas de votre corps.

L'avis du médecin

Le lait est un produit naturel, mais fragile. La flore microbienne du lait cru est difficile à contrôler et, en dépit de ses qualités gustatives supérieures, l'alimentation moderne préfère fabriquer des fromages avec du lait stérilisé auquel elle rajoute des bactéries judicieusement choisies. Les saveurs s'en ressentent, mais c'est le prix que nous payons pour la sécurité alimentaire. La brousse industrielle ne donnera donc pas la saveur de la brousse artisanale, mais cette recette reste parfaite pour un régime, quoique peu riche en protéines : 500 calories et 20 g de protéines par personne.

Gratin de bucatini aux trois fromages tomatés

Préparation	15 minutes
Cuisson	15 minutes
Vaisselle	10 minutes

700 calories par portion

Pour 6 personnes

500 g de *bucatini*
200 g de reblochon
400 g de tomme fraîche
50 g de parmesan râpé
6 tomates moyennes
Poivre
Muscade

Mettez un grand volume d'eau à bouillir. Dès l'ébullition, salez au gros sel et versez les pâtes. Laissez bouillonner le temps de cuire les pâtes fermes.

Rincez les tomates dans une passoire, coupez-les en deux et enlevez les pépins avec une cuillère. Concassez la chair. Versez les tomates dans un wok, poivrez et muscadez. Laissez mijoter sur feu doux 7 minutes.

Coupez le reblochon et la tomme en lamelles fines. Ajoutez les lamelles de fromage aux tomates et faites fondre doucement 1 minute.

Allumez votre gril.

Égouttez les pâtes, versez-les dans un plat à feu rectangulaire. Répartissez la sauce sur les pâtes, saupoudrez de parmesan et faites gratiner 1 minute.

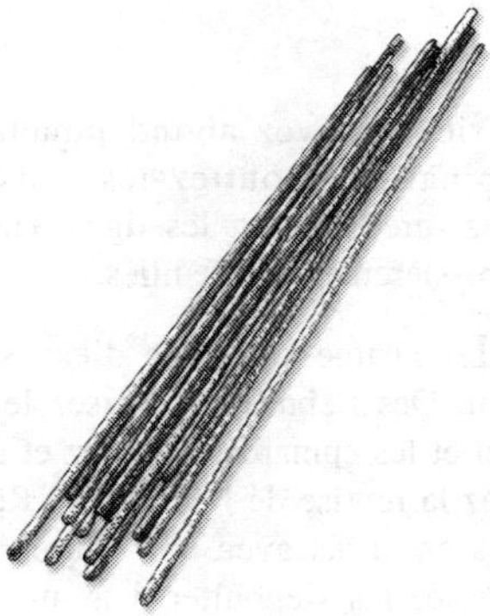

Un peu de gym en cuisine

Pendant que vous préparez le fromage et les tomates, pensez à vous détendre. Abaissez les épaules, desserrez les dents, repoussez le sol pour vous grandir au maximum. Un corps souple et détendu est le meilleur allié de votre forme. Au bureau, dans votre vie quotidienne, pensez à « lâcher prise » de cette façon.

L'avis du médecin

Dans le concept du plat unique, les associations « pâtes-fromage » sont appropriées d'autant que le pain est remplacé par les pâtes et les graisses des viandes par celles du fromage. Néanmoins, cette recette est déconseillée dans un régime, non en raison de son apport calorique, mais parce que la proportion de cette énergie provient des graisses. Avec une salade, ce plat constitue un repas complet qui, s'il n'a pas vocation à vous faire maigrir, ne vous fera pas grossir : 700 calories et 25 g de protéines par personne.

Torsades à la feta et aux épinards

Préparation	5 minutes
Cuisson	10 minutes
Vaisselle	10 minutes

600 calories par portion

Pour 3 personnes

250 g de *torsades* à la farine complète
200 g de feta
500 g d'épinards
1 yaourt
1 c. à café rase de paprika
1 c. à café de gros sel gris
Poivre
Muscade

Triez et lavez abondamment les épinards. Égouttez-les dans une passoire. Coupez les tiges. Hachez grossièrement les feuilles.

Mettez une casserole d'eau sur le feu. Dès l'ébullition, versez le gros sel et les épinards. Couvrez et attendez la reprise de l'ébullition. Retirez les épinards avec une écumoire et laissez-les s'égoutter dans une passoire. Versez les pâtes dans l'eau de cuisson et laissez bouillonner le temps de cuire les pâtes *al dente*.

Pendant la cuisson des pâtes, émiettez la feta, versez le yaourt dedans, poivrez, muscadez, assaisonnez de paprika. Versez le mélange dans un wok. Portez sur feu doux en surveillant la cuisson. Dès que la feta est fondue, éteignez le feu. Couvrez et réservez.

Égouttez les pâtes, versez-les dans le wok. Essorez les épinards en les pressant entre vos doigts. Ajoutez-les aux pâtes, remuez et servez aussitôt.

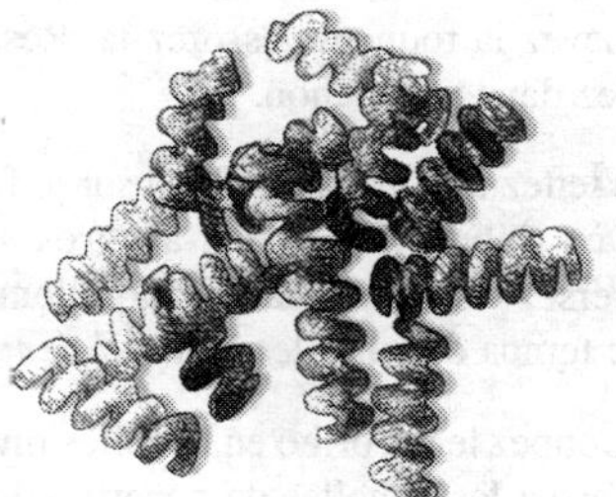

Un peu de gym en cuisine

Dans le cas de tensions musculaires, placez-vous dos au mur, baissez le tronc en laissant pendre les bras, la tête décontractée. Gardez les fesses appuyées contre le mur et un pied légèrement décalé vers l'avant. Prenez conscience de la détente des muscles postérieurs. Conduisez ce mouvement lentement pour éviter les vertiges.

L'avis du médecin

L'association pâtes-fromage est tout particulièrement recommandée aux personnes âgées car les glucides lents aident à lutter contre le diabète, tandis que les laitages apportent des protéines et du calcium en prévention de l'ostéoporose. Mais nous devons aussi consommer des produits laitiers lorsque nous sommes jeunes pour fortifier notre squelette. Néanmoins, les personnes âgées devront fractionner leurs apports pour bien assimiler le calcium dans la mesure où les facultés digestives diminuent avec l'âge. Cette recette est complète : 600 calories et 30 g de protéines par personne.

Lasagnette au pecorino et à la roquette

Préparation	5 minutes
Cuisson	10 minutes
Vaisselle	10 minutes

700 calories par portion

Pour 3 personnes

250 g de *lasagnette*

1 paquet de roquette (150 g)

200 g de pecorino au poivre (fromage de brebis)

1 c. à café de paprika

2 yaourts

1 c. à soupe d'huile de noix

1 c. à café de gros sel gris

Muscade

Lavez la roquette, essorez-la. Réservez dans un torchon.

Mettez une marmite d'eau sur le feu. Dès l'ébullition, salez au gros sel. Versez les pâtes et laissez bouillonner le temps de cuire les pâtes *al dente*.

Coupez le pecorino en lamelles fines. Versez les lamelles de pecorino dans un wok. Ajoutez le yaourt, le poivre et le paprika. Faites fondre sur feu doux. Quand la sauce est bien homogène, éteignez le feu. Versez l'huile de noix dans le mélange, remuez, couvrez et réservez.

Égouttez les pâtes. Versez les *lasagnette* dans le wok. Ajoutez la roquette et servez aussitôt.

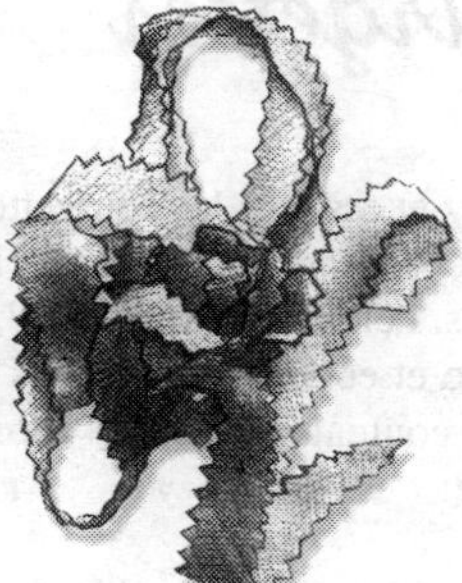

Un peu de gym en cuisine

En surveillant la cuisson du fromage, fléchissez vos bras devant vous, avant-bras parallèles au sol. Collez vos paumes de mains l'une contre l'autre et appuyez fermement en inspirant. Cet exercice sollicite les pectoraux en douceur. Il peut se réaliser aussi devant un ordinateur.

L'avis du médecin

Possédant des vertus de régulation du transit intestinal et des propriétés antiradicalaires, les yaourts permettent d'apporter à nos recettes les avantages du lait sans les calories. Les sauces qui en découlent sont une manne pour les candidats à l'amaigrissement. Le *pecorino romano*, fabriqué depuis plus de deux mille ans, était le fromage favori des légionnaires romains. Comme tous les fromages de brebis, c'est un produit gras, mais qui contient des oméga 3. Cette recette est à éviter lors d'un régime : un peu moins de 700 calories et près de 40 g de protéines par personne.

Lasagne à la ricotta et aux courgettes

Préparation	15 minutes
Cuisson	30 minutes
Vaisselle	25 minutes

600 calories par portion

Pour 6 personnes

250 g de *lasagne*
500 g de ricotta
8 courgettes
6 brins de sauge
2 gousses d'ail
2 c. à soupe d'huile d'olive
50 g de parmesan râpé
Sel
Poivre
Muscade

Lavez et essuyez les courgettes, coupez les extrémités. Détaillez la chair en dés. Pelez les gousses d'ail, ôtez le germe et écrasez les gousses du plat d'un couteau. Lavez et épongez la sauge.

Versez 1 c. à soupe d'huile d'olive dans une cocotte. Quand elle est chaude, versez les courgettes, salez et poivrez, laissez dorer quelques secondes. Ajoutez l'ail et la sauge aux courgettes, couvrez et laissez cuire doucement 5 minutes.

Hors du feu, retirez la sauge et ajoutez la ricotta. Allumez votre four à 225 °C (th. 7-8).

Avec un morceau de papier absorbant, passez un peu d'huile au fond d'un plat à gratin et sur trois feuilles de *lasagne* réservées pour le dessus. Mettez une couche de *lasagne*, une couche de sauce à la ricotta et ainsi de suite en terminant par les feuilles huilées.

Saupoudrez de parmesan et enfournez pour 25 minutes.

Un peu de gym en cuisine

En attendant la fin de la cuisson des courgettes, pliez vos coudes, avant-bras à l'horizontale devant la poitrine. Crochetez vos mains et tirez sur les doigts comme si vous vouliez les arracher. Ce mouvement peut se réaliser partout, tant à la maison qu'au bureau. Il galbe les triceps et renforce les dorsaux.

L'avis du médecin

Les fromages italiens sont souvent riches en eau et peu gras, ce qui permet de les utiliser dans les pâtes comme la ricotta. Le parmesan est riche en calcium : 1 350 mg pour 100 g. De plus, il apporte des protéines (35 %) tout en restant peu gras (25 %). Fleuron de la table italienne, il devrait devenir celui de la nôtre d'autant que son goût permet un usage moindre que certains gruyères. Régime ou pas, cette recette convient à tous : 30 g de protéines et moins de 600 calories par personne.

Bucatini aux oeufs brouillés en ratatouille

Préparation	20 minutes
Cuisson	15 minutes
Vaisselle	25 minutes

500 calories par portion

Pour 6 personnes

500 g de *bucatini*
6 œufs
3 tomates
1 poivron rouge
1 courgette
1 aubergine
1 oignon
1 gousse d'ail
1 bouquet de persil
2 c. à soupe d'huile d'olive
2 c. à café de gros sel gris
Sel
Poivre

Rincez les tomates dans une passoire, coupez-les en deux et épépinez-les. Salez l'intérieur et laissez-les s'égoutter.

Rincez et épongez le persil. Pelez et émincez l'oignon. Pelez l'ail, enlevez le germe et écrasez la gousse du plat d'un couteau. Rincez et épépinez le poivron, coupez-le en lanières. Rincez la courgette et l'aubergine, coupez les extrémités et détaillez-les en bâtons.

Faites chauffer 1 c. à soupe d'huile d'olive dans un wok, versez l'oignon, salez, poivrez et blondissez doucement quelques secondes. Ajoutez le poivron et laissez cuire 5 minutes.

Mettez une marmite d'eau sur le feu. Dès l'ébullition, salez au gros sel. Versez les pâtes et laissez bouillonner le temps de cuire les pâtes *al dente*.

Concassez les tomates, ajoutez-les aux poivrons avec le persil et l'ail. Attendez 5 minutes sans couvrir. Ajoutez 1 c. à soupe d'huile et les aubergines. Poursuivez la cuisson 5 minutes.

Battez les œufs en omelette, salez et poivrez.

Égouttez les pâtes. Versez la ratatouille dedans en veillant à retirer le persil. Ajoutez les œufs battus et remuez vivement.

Un peu de gym en cuisine

Le soir, prenez une douche fraîche, essuyez-vous et massez-vous. Asseyez-vous sur le rebord de la baignoire, levez une jambe en l'air et faites glisser vos mains en anneau le long de la jambe une quinzaine de fois en allant de la cheville à la cuisse. Ce massage active la circulation du sang. Il est particulièrement recommandé contre les jambes lourdes.

L'avis du médecin

L'association des œufs et des pâtes est judicieuse. Les œufs sont irremplaçables : le blanc est riche en protéines, le jaune en minéraux, oligo-éléments et vitamines A, D, E, B, mais aussi en graisses ce qui limite sa consommation à 2 par jour quand on a du cholestérol. La ratatouille permet de profiter des vertus des légumes en donnant un caractère diététique à la recette : 500 calories et 18 g de protéines par personne. Un dessert lacté complétera l'apport en protéines.

Les plats complets de poisson

Tagliatelle de courgettes aux coques

Préparation	15 minutes
Cuisson	15 minutes
Vaisselle	20 minutes

500 calories par portion

Pour 3 personnes

250 g de *tagliatelle*
4 l de coques
3 courgettes
1 échalote
1 bouquet garni
2 c. à soupe d'huile d'olive
1 c. à café de gros sel gris
Sel
Poivre

Rincez les coques. Laissez-les tremper 30 minutes dans beaucoup d'eau salée pour qu'elles rendent leur sable. Pelez l'échalote. Rincez et épongez le bouquet garni. Mettez de côté les feuilles du persil.

Frottez les coques les unes contre les autres entre vos mains. Éliminez celles qui sont ouvertes. Versez les coques dans une grande poêle et portez sur feu vif avec l'échalote et le bouquet garni. Secouez la poêle de temps en temps pour vérifier que toutes les coques sont ouvertes. Retirez-les avec une écumoire et passez le jus de cuisson à travers une passoire tapissée de coton.

Lavez et essuyez les courgettes. À l'aide d'un couteau économe, pelez les courgettes en longues lanières et jetez les pépins.

Mettez sur le feu une grande marmite d'eau. Dès l'ébullition, salez au gros sel et jetez les pâtes de courgettes dans l'eau. Laissez cuire à petits bouillons 1 minute puis retirez-les avec une écumoire. Jetez les *taglia-*

telle dans l'eau encore bouillante et maintenez l'ébullition 6 minutes.

Enlevez les coquilles et mettez les coques dans un saladier. Versez 1 c. à soupe d'huile d'olive et ciselez les feuilles de persil au-dessus. Réservez.

Égouttez les pâtes, mélangez-les aux *tagliatelle* de courgettes, versez 3 c. à soupe de jus de cuisson des coques dedans et 1 c. à soupe d'huile d'olive, remuez et répartissez dans les assiettes individuelles. Versez les coques sur les pâtes.

Un peu de gym en cuisine

Pendant la cuisson des pâtes, tendez le bras gauche au-dessus de la tête et étirez-le doucement pour vous grandir au maximum puis alternez avec le bras droit. Cet étirement peut être réalisé devant un ordinateur.

L'avis du médecin

Les coquillages sont très sensibles à la pollution. Même cuits, ils peuvent être responsables d'infections alimentaires, il est donc primordial de vérifier leur fraîcheur. Un litre de coques donne 350 g de chair et apporte calcium, magnésium, iode, zinc à ce plat minceur : 500 calories et 45 g de protéines par personne.

Tagliatelle au crabe et aux pois gourmands

Préparation	10 minutes
Cuisson	15 minutes
Vaisselle	15 minutes

500 calories par portion

Pour 3 personnes

250 g de *tagliatelle*
3 boîtes de crabe au naturel (360 g égouttés)
300 g de pois gourmands
6 brins de coriandre
1 c. à soupe d'huile d'olive
2 c. à soupe de vinaigre balsamique
1 c. à café de gros sel gris
Poivre

Versez le crabe dans une passoire et laissez-le s'égoutter.

Effilez les pois gourmands et rincez-les rapidement. Rincez la coriandre, coupez les tiges finement et réservez les feuilles.

Mettez l'huile d'olive à chauffer dans un wok. Faites sauter vivement les pois gourmands pendant quelques secondes sans couvrir. Salez, poivrez, ajoutez les tiges de coriandre, couvrez et poursuivez la cuisson 5 minutes à feu doux.

Mettez une grande casserole sur le feu. Dès l'ébullition, salez au gros sel. Versez les pâtes et laissez bouillonner le temps de cuire les pâtes *al dente*.

Ajoutez le crabe égoutté aux pois gourmands, déglacez avec le vinaigre balsamique et remuez quelques secondes. Couvrez et réservez hors du feu.

Égouttez les pâtes, versez-les dans le wok, remuez et décorez de feuilles de coriandre.

Un peu de gym en cuisine

Pendant la cuisson des pois gourmands, réunissez vos jambes. Pliez un genou et dans un mouvement ferme et bien scandé, tapez votre fesse avec votre pied plusieurs fois de suite sans trop forcer. Puis changez de pied. Cet exercice date du V*e* *siècle avant Jésus-Christ. Il faisait partie des assouplissements des femmes spartiates. Reproduit souvent, il renforce les muscles fessiers, étire les quadriceps, assouplit les ligaments du genou.*

L'avis du médecin

Le choix des fruits de mer et des crustacés est particulièrement judicieux lors des régimes amaigrissants, à condition de ne pas abuser du pain, du beurre et de la mayonnaise. Le crabe entier apporte environ 400 calories de chair par kilo, seulement 5 % de graisses dont 70 % d'acides gras polyinsaturés essentiels. Les boîtes de crabe permettent de confectionner des plats rapides. N'hésitez pas à consommer la chair du crabe dans des recettes chaudes, c'est délicieux et diététique : 500 calories et 35 g de protéines par personne.

Feuilleté de lasagne au crabe

Préparation	15 minutes
Cuisson	15 minutes
Vaisselle	15 minutes

500 calories par portion

Pour 2 personnes

4 feuilles de *lasagne*
2 boîtes de crabe (240 g égouttés)
4 tomates moyennes
1 c. à soupe d'huile d'olive
6 feuilles de basilic
1 c. à café de gros sel gris
Sel
Poivre

Rincez les tomates dans une passoire, coupez-les en deux et enlevez les pépins avec une petite cuillère. Salez les demi-tomates et retournez-les sur une assiette.

Rincez et épongez le basilic. Égouttez le crabe dans une passoire.

Mixez les tomates avec l'huile d'olive, le sel, le poivre et les tiges de basilic. Coupez 4 feuilles de basilic du bout de vos doigts, versez le coulis dessus, couvrez et réservez au frais.

Mettez une casserole d'eau sur le feu. Dès l'ébullition, salez au gros sel et immergez les feuilles de *lasagne*. Laissez bouillonner 10 minutes.

Retirez les feuilles de *lasagne* avec une écumoire, posez-les sur un torchon. Mettez une feuille sur chaque assiette, recouvrez de chair de crabe, posez la seconde feuille de *lasagne* et versez le coulis dessus. Décorez de basilic.

Un peu de gym en cuisine

Pendant que vous mixez le coulis, écartez la pointe des pieds en gardant les talons l'un contre l'autre puis montez sur les pointes. Pour ne pas perdre l'équilibre, prenez un appui. Cette position présente l'avantage de vous grandir et évite de lever les coudes. Devant un ordinateur, il faut également garder les coudes au corps pour ne pas souffrir de la nuque et des épaules.

L'avis du médecin

Avec l'âge, les besoins se modifient, mais contrairement aux idées reçues, il ne faut pas diminuer ses rations alimentaires. Si l'assimilation digestive diminue, les quantités de nutriments constructeurs doivent rester stables, mais il faut veiller à ne pas augmenter les sucres rapides et les graisses. On peut manger moins, mais il faut surtout manger mieux car, en général, on fait moins d'activité physique. Cette recette est synonyme de minceur : 500 calories et 30 g de protéines par personne.

Lasagnette aux crevettes et à la roquette

Préparation	15 minutes
Cuisson	10 minutes
Vaisselle	15 minutes

700 calories par portion

Pour 3 personnes

250 g de *lasagnette*
300 g de crevettes roses décortiquées
1 paquet de roquette (150 g)
1 petit avocat
1 citron
1 c. à café de piment doux
2 c. à soupe d'huile d'olive
1 c. à soupe de vinaigre balsamique
Sel
Poivre

Décortiquez les crevettes. Versez l'huile d'olive et le vinaigre dessus. Saupoudrez de piment, salez et poivrez.

Pressez le citron. Pelez l'avocat, écrasez grossièrement la chair, salez, poivrez et versez dessus le jus du citron.

Rincez la salade, égouttez-la soigneusement et réservez dans un torchon.

Mélangez les crevettes, l'avocat et la roquette dans un grand saladier.

Mettez une marmite emplie d'eau sur le feu. Dès l'ébullition, salez au gros sel. Versez les pâtes et laissez bouillonner le temps de cuire les pâtes *al dente*.

Égouttez les *lasagnette*. Versez-les dans le saladier et remuez.

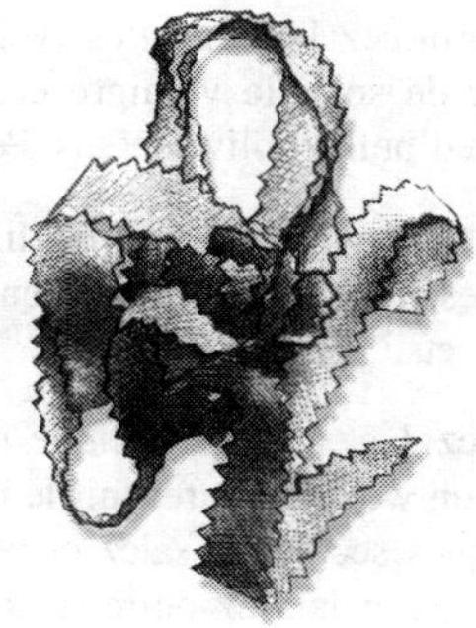

Un peu de gym en cuisine

Quand vous cuisinez, fixez votre bassin en écartant légèrement les pieds et fléchissez les genoux. Tournez lentement le buste à droite puis à gauche sans bouger le bassin. Ces torsions, répétées souvent, assouplissent le dos. Elles peuvent se pratiquer en position assise, devant un ordinateur ou lorsqu'on attrape un dossier posé loin de soi. Prendre l'habitude de gérer son corps en douceur est une nécessité de la vie quotidienne.

L'avis du médecin

Depuis l'Antiquité, on reconnaît à la roquette une saveur chaude, compensant la fraîcheur de la laitue. C'est la raison pour laquelle on en mettait dans le mesclun, mélange de différentes salades, qu'on trouve encore sur nos marchés. Cette recette est sans doute un peu riche pour un régime : 700 calories et 35 g de protéines par personne.

Penne aux crevettes et brocolis

Préparation	10 minutes
Cuisson	15 minutes
Vaisselle	15 minutes

600 calories par portion

Pour 3 personnes

250 g de *penne*
300 g de crevettes roses décortiquées
500 g de brocolis
1 gousse d'ail
1 c. à soupe de vinaigre balsamique
1 c. à café de sauce de soja
2 c. à soupe d'huile d'olive
1 c. à café de gros sel gris
Sel
Poivre

Décortiquez les crevettes. Versez la sauce de soja, le vinaigre et 1 c. à soupe d'huile d'olive dessus. Poivrez.

Rincez rapidement le brocoli, enlevez les tiges et détaillez-le en petits bouquets.

Versez 1 c. à soupe d'huile d'olive dans un wok, faites revenir le brocoli quelques secondes, salez et poivrez. Couvrez et laissez cuire doucement 10 minutes.

Mettez de l'eau sur le feu. Dès l'ébullition, salez au gros sel. Versez les pâtes et laissez bouillonner le temps de cuire les pâtes *al dente*.

Quand le brocoli est cuit, ajoutez les crevettes et leur sauce, couvrez et réservez hors du feu.

Égouttez les pâtes, versez-les dans le wok et remuez.

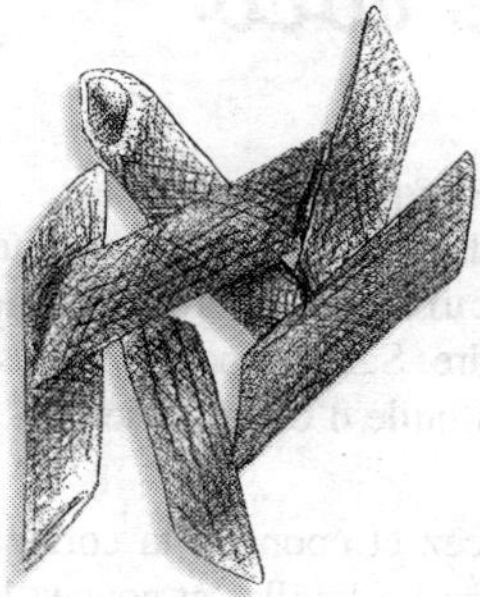

Un peu de gym en cuisine

La fin de la cuisson des pâtes est propice à la détente. Étirez vos trapèzes pour soulager votre nuque. Posez la main gauche sur le sommet du crâne, coude écarté, et poussez doucement votre tête vers l'épaule droite. Faites l'inverse de l'autre côté. Cet exercice est à reproduire souvent dans la vie quotidienne, à condition de le conduire avec douceur.

L'avis du médecin

Les choux sont utilisés depuis des siècles. Base de l'alimentation européenne, leurs vertus désinfectantes en applications locales ont sauvé maintes vies et les indications des phytothérapeutes sont nombreuses et variées. Ils posséderaient même des vertus protectrices contre le cancer de l'intestin. Le brocoli est particulièrement digeste et peu calorique. Mais attention, les choux sont de véritables éponges qui incorporent toutes les graisses lors de la cuisson. Cela ne peut pas être le cas dans cette recette diététique : moins de 600 calories et 35 g de protéines par personne.

Fettucelle aux crevettes en sauce coco

Préparation	5 minutes
Cuisson	15 minutes
Vaisselle	15 minutes

700 calories par portion

Pour 6 personnes

500 g de *fettucelle*
600 g de grosses crevettes roses décortiquées
1 boîte de lait de coco (400 g)
1 c. à café de curcuma
1 c. à café de coriandre en poudre
12 brins de coriandre fraîche
1 c. à soupe d'huile d'olive
2 c. à café de gros sel gris
Sel
Poivre

Décortiquez les crevettes et mettez-les dans un saladier. Saupoudrez-les de curcuma et de coriandre en poudre. Salez et poivrez. Versez dessus l'huile d'olive. Réservez.

Rincez et épongez la coriandre, réservez les feuilles et coupez les tiges finement.

Mettez de l'eau sur le feu. Dès l'ébullition, salez au gros sel. Versez les pâtes et laissez bouillonner le temps de cuire les pâtes *al dente*.

Ouvrez la boîte de coco. Avec une cuillère, recueillez le lait épais qui occupe la moitié supérieure de la boîte. Versez-le dans un wok. Mettez-le à chauffer doucement, ajoutez les tiges de coriandre et laissez réduire quelques secondes à découvert. Versez les crevettes dans le wok, laissez reprendre l'ébullition, couvrez et réservez hors du feu.

Égouttez les pâtes, versez-les dans le wok. Mélangez et décorez de feuilles de coriandre.

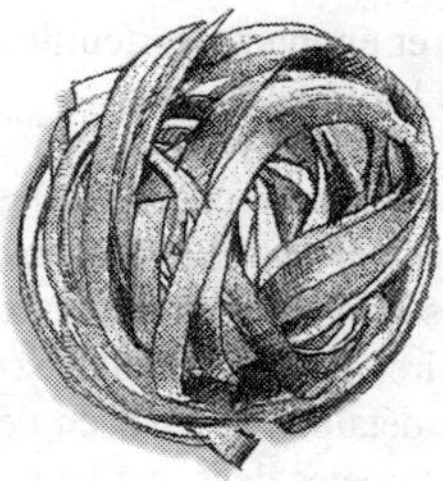

Un peu de gym en cuisine

Pendant la cuisson des pâtes, mettez-vous bien droit, pieds serrés et bras le long du corps. Réalisez des oscillations en vous penchant en avant puis en arrière sans bouger le corps. Cet exercice peut se pratiquer partout, dans le métro, en attendant le bus ou un taxi. Il renforce les quadriceps, muscles antérieurs des cuisses.

L'avis du médecin

Au VIIIe siècle avant Jésus-Christ, les héros homériques sont baignés et massés, notamment avec de l'huile de coco dite de « macassar ». C'est sans doute la raison pour laquelle on appelle le cocotier « arbre de vie ». L'eau contenue dans la noix de coco est un suc peu gras. En revanche, la pulpe est grasse mais riche en potassium, fer, magnésium, zinc, phosphore et cuivre. Le lait, obtenu en broyant la pulpe avec de l'eau, est calorique, ce qui alourdit cette recette, incompatible avec un régime : 700 calories et un peu plus de 30 g de protéines par personne.

Millefeuille d'espadon

Préparation	10 minutes[1]
Cuisson	15 minutes
Vaisselle	15 minutes

550 calories par portion

Pour 2 personnes

4 feuilles de *lasagne*
2 tranches d'espadon (150 g chacune)
2 tomates
6 feuilles de basilic
2 c. à soupe d'huile d'olive
1 c. à café de vinaigre balsamique
1 c. à café de gros sel gris
Fleur de sel
Poivre

Lavez et épongez les feuilles de basilic et les tomates.

Mettez de l'eau à chauffer. Dès l'ébullition, jetez les tomates dedans, comptez 10 secondes et retirez-les avec une écumoire. Pelez-les, enlevez les pépins et détaillez la chair en dés. Mettez les tomates dans une jatte avec les feuilles de basilic, versez dessus 1 c. à soupe d'huile d'olive, le vinaigre balsamique et un peu de fleur de sel. Poivrez et réservez 1 heure au frais.

Enlevez la peau aux tranches d'espadon, saupoudrez de fleur de sel, poivrez et versez dessus 1 c. à soupe d'huile d'olive. Réservez 1 heure au frais.

Au moment du repas, mettez une casserole d'eau sur le feu. Dès l'ébullition, versez le gros sel et quelques gouttes d'huile d'olive. Ajoutez les feuilles de *lasagne* et laissez bouillonner 5 minutes.

Saisissez les tranches d'espadon dans une poêle chaude ou sur une plaque

1. Macération : 1 heure.

de grill pendant 1 minute. Couvrez et réservez.

Posez les *lasagne* dans un torchon. Épongez-les rapidement. Mettez une feuille dans chaque assiette, installez un pavé d'espadon dessus, recouvrez d'une autre feuille et versez les tomates et le basilic.

Un peu de gym en cuisine

Pendant la cuisson du poisson, installez-vous le dos contre un mur et fléchissez les jambes comme si vous vouliez vous asseoir sur une chaise invisible. Tenez la position au moins une minute. Cet exercice renforce les muscles des cuisses et le tonus des genoux. Vous pouvez le réaliser dans l'ascenseur en posant vos paquets sur vos cuisses. Effet musculaire garanti et excellente préparation au ski !

L'avis du médecin

Rien ne remplace les poissons frais, mais les surgelés ont des qualités nutritionnelles pratiquement équivalentes. Cette recette basée sur un poisson semi-gras, donc riche en acides gras essentiels, complémentaires de ceux des huiles, augmente le bon cholestérol. Elle est parfaite pour un régime : 550 calories et 40 g de protéines par personne.

Lumaconi aux escargots de Bourgogne

Préparation	5 minutes
Cuisson	15 minutes
Vaisselle	15 minutes

500 calories par portion

Pour 6 personnes

500 g de *lumaconi*
100 gros escargots de Bourgogne farcis
2 c. à café de gros sel gris

Mettez de l'eau sur le feu. Dès l'ébullition, salez au gros sel.

Versez les pâtes et laissez bouillonner le temps de cuire les pâtes *al dente*.

Pendant ce temps, retirez la farce des escargots, mettez-la de côté.

Enlevez les escargots de leurs coquilles avec une aiguille et rangez-les dans une jatte.

Versez la moitié de la farce sur les escargots. Gardez au coin de votre feu.

Égouttez les pâtes rapidement.

Versez les escargots dans les pâtes et remuez bien avant de servir.

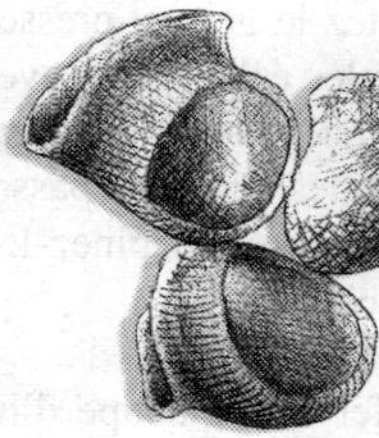

Un peu de gym en cuisine

Retirer les escargots de leurs coquilles demande un certain temps. Profitez-en pour étirer doucement votre dos. Effectuez de lentes oscillations du bassin autour de votre centre de gravité. Lorsqu'une position debout est imposée, il faut s'étirer doucement. C'est un réflexe précieux pour les articulations.

L'avis du médecin

Les escargots sont des mollusques maigres mais riches en protéines de qualité. En France — notamment en Bourgogne —, on les mange farcis avec un hachis d'ail, beurre et persil, mais en Crète on les déguste en risotto. L'association avec des pâtes est judicieuse car elle permet de diminuer la quantité de persillade et, surtout, de consommer la farce tiède. En effet, depuis la découverte du régime crétois, on sait que le beurre cuit est dangereux pour les artères. Une recette idéale pour un régime : moins de 500 calories et 30 protéines par personne.

Papillotes aux fruits de mer

Préparation	30 minutes
Cuisson	20 minutes
Vaisselle	30 minutes

600 calories par portion

Pour 3 personnes

250 g de *spaghetti*
300 g de crevettes grises
2 l de moules
500 g de tomates
6 brins de persil plat
2 échalotes
1 gousse d'ail
1 bouquet garni
1 c. à café de paprika
5 cl de vin blanc sec
1 c. à soupe d'huile d'olive
2 c. à café de gros sel gris
Sel
Poivre

Pelez l'ail, ôtez le germe, pressez la gousse. Pelez les échalotes. Lavez et épongez le persil et le bouquet garni. Lavez les tomates dans une passoire, coupez-les en deux, épépinez-les et concassez la chair.

Faites chauffer 1 c. à soupe d'huile d'olive dans le wok, versez les tomates, salez, poivrez et remuez quelques secondes sur feu vif. Ajoutez l'ail aux tomates et laissez réduire 5 minutes sur feu doux sans couvrir.

Grattez les moules, lavez-les à grande eau et égouttez-les. Lavez et égouttez les crevettes. Jetez les moules dans une poêle chaude avec le vin blanc, les échalotes et le bouquet garni. Dès que les moules sont ouvertes, retirez-les avec une écumoire, enlevez les coquilles et filtrez le jus à travers une passoire tapissée de coton. Retirez les têtes des crevettes et mélangez les queues avec les moules.

Mettez une grande marmite emplie d'eau sur le feu. Dès l'ébullition, salez au gros sel. Versez les *spaghetti* et laissez bouillonner le temps de cuire les pâtes fermes. Égouttez-les, versez la sauce tomate et les coquillages dedans.

Posez trois feuilles de papier d'aluminium sur une plaque. Froissez les extrémités pour confectionner les papillotes. Répartissez les pâtes dedans et placez les papillotes sous le gril quelques secondes. Saupoudrez de feuilles de persil.

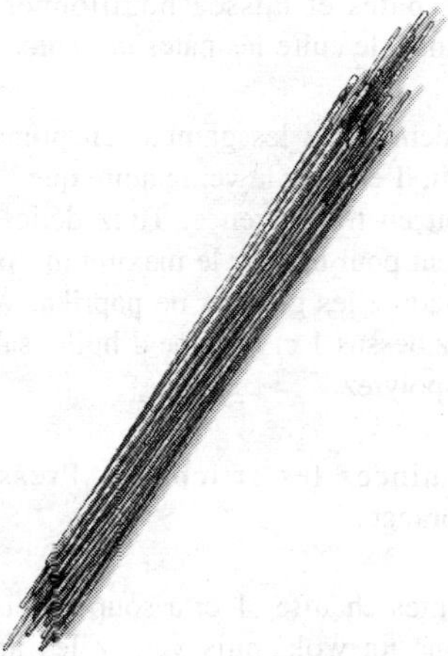

Un peu de gym en cuisine

Pendant que vous surveillez les papillotes, saisissez un torchon dans vos mains et, en le maintenant bien tendu, levez vos bras au-dessus de la tête. Tirez sur vos coudes le plus loin possible en arrière. Cet exercice ouvre la cage thoracique et détend le haut du dos. Progressivement, prolongez le temps d'étirement en inspirant profondément.

L'avis du médecin

La cuisson en papillote est certainement une des plus authentiques pour préserver les qualités des aliments. L'originalité de cette recette est non la cuisson, mais la présentation en papillote qui permet de garder les pâtes chaudes. Elle apporte 60 g de protéines et moins de 600 calories par convive.

Linguine aux gambas et émincés d'artichauts

Préparation	10 minutes
Cuisson	20 minutes
Vaisselle	15 minutes

550 calories par portion

Pour 6 personnes

500 g de *linguine*
24 gambas
6 fonds d'artichauts
1 orange
2 c. à soupe d'huile d'olive
1 c. à café de paprika
1 c. à café de gros sel gris
Sel
Poivre

Mettez de l'eau sur le feu. Dès l'ébullition, salez au gros sel. Versez les pâtes et laissez bouillonner le temps de cuire les pâtes *al dente*.

Décortiquez les gambas en prenant soin d'enlever la veine noire que l'on voit en transparence. Tirez délicatement pour en ôter le maximum. Saupoudrez les gambas de paprika, versez dessus 1 c. à soupe d'huile, salez et poivrez.

Émincez les artichauts. Pressez l'orange.

Faites chauffer 1 c. à soupe d'huile dans un wok, puis versez les artichauts, salez et poivrez. Couvrez et laissez cuire doucement 5 minutes.

Ajoutez les gambas aux artichauts, couvrez et poursuivez la cuisson sur feu vif 2 minutes. Versez le jus d'orange dans les gambas, couvrez et réservez hors du feu.

Égouttez les pâtes, versez-les dans le wok, remuez et servez aussitôt.

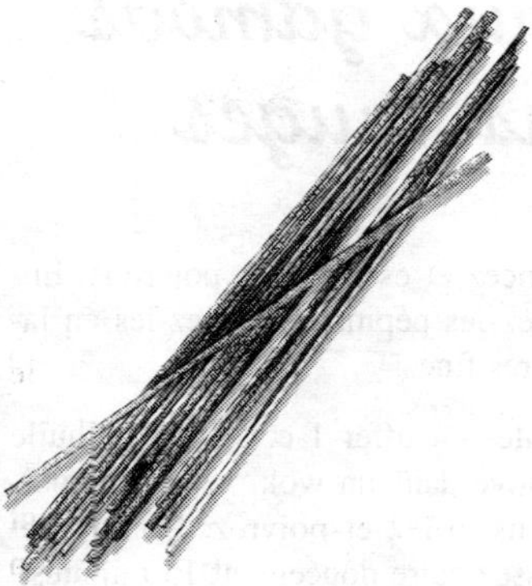

Un peu de gym en cuisine

L'automassage est précieux. Croisez le bras droit devant vous, posez la main à la base du cou et massez doucement votre épaule gauche en imprimant des mouvements circulaires à vos doigts. Puis, croisez le bras gauche et massez votre épaule droite. Vous détendrez ainsi vos muscles trapèzes qui gainent le haut du dos, le dessus de vos épaules et la base de votre nuque.

L'avis du médecin

Au XVIIIe siècle, on disait que l'artichaut était aphrodisiaque et, de ce fait, on l'interdisait aux jeunes filles. En Italie, l'artichaut tient une grande place dans la cuisine. C'est un légume fin qui se marie bien avec les pâtes, apportant des fibres et du potassium à l'organisme. Aliment minceur par excellence, il faudrait lui redonner une place de choix dans notre assiette, d'autant qu'on trouve des fonds d'artichauts surgelés de bonne qualité pour personnes pressées. Associés aux gambas qui fournissent des protéines de qualité, au jus d'orange pour la vitamine C, les artichauts font de cette recette un plat équilibré et minceur : 550 calories et 40 g de protéines par personne.

Tagliatelle aux gambas et poivrons rouges

Préparation	20 minutes
Cuisson	15 minutes
Vaisselle	15 minutes

550 calories par portion

Pour 3 personnes

250 g de *tagliatelle*
12 gambas
3 petits poivrons rouges
1 c. à café d'estragon séché
1 pincée de filaments de safran
2 c. à soupe d'huile d'olive
1 c. à soupe de vinaigre balsamique
1 c. à café de gros sel gris
Sel
Poivre

Rincez et essuyez les poivrons. Enlevez les pépins et coupez-les en lanières fines.

Faites chauffer 1 c. à soupe d'huile d'olive dans un wok, versez les poivrons, salez et poivrez. Couvrez et laissez cuire doucement 15 minutes.

Décortiquez les gambas en prenant soin d'enlever la veine noire que l'on voit en transparence. Tirez délicatement pour en ôter le maximum. Versez 1 c. à soupe d'huile d'olive sur les gambas, saupoudrez de safran, salez et poivrez. Laissez macérer le temps de cuire les poivrons.

Mettez une grande casserole d'eau sur le feu. Dès l'ébullition, salez au gros sel et versez les *tagliatelle*. Laissez cuire à petits bouillons 6 minutes.

Lorsque les poivrons ont caramélisé, versez les gambas dans le wok. Couvrez et laissez cuire 1 minute à feu vif. Ajoutez l'estragon, déglacez au vinaigre, couvrez et réservez hors du feu.

Égouttez les pâtes, versez-les dans le wok, remuez et servez aussitôt.

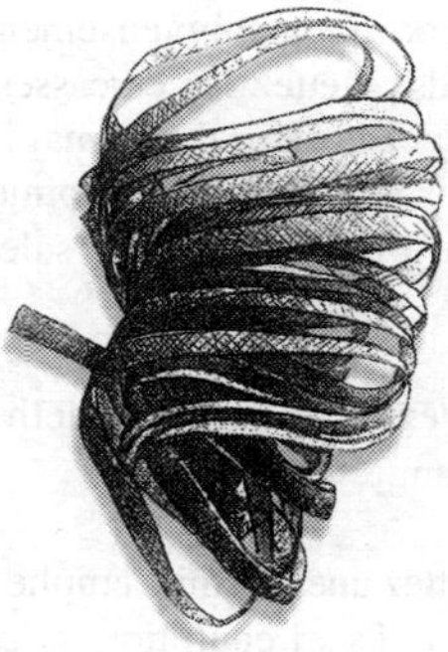

Un peu de gym en cuisine

Placez vos doigts bien à plat derrière votre nuque et laissez glisser doucement vos mains vers vos épaules. Allez de haut en bas et de l'intérieur vers l'extérieur dans un mouvement rotatif souple. Pensez à ces exercices pour vous relaxer.

L'avis du médecin

La cellulite est caractérisée par une altération du derme qui s'accroche à la graisse sous-jacente composée de lobules graisseux gonflés et tendus. Elle a une origine hormonale évidente et, pour la faire disparaître, il faut suivre un régime radical allant jusqu'au bout de l'amaigrissement et l'associer à des techniques de drainage locales. Cette recette qui apporte 550 calories et 40 g de protéines par personne est parfaitement appropriée pour vous aider à la perdre.

Tagliatelle au homard safrané

Préparation	15 minutes
Cuisson	10 minutes
Vaisselle	20 minutes

600 calories par portion

Pour 3 personnes

250 g de *tagliatelle*
3 homards cuits
1 dose de filaments de safran
1 orange
6 brins d'aneth
1 c. à soupe d'huile de truffe
1 c. à café d'huile d'olive
1 pincée de piment doux
1 c. à café de gros sel gris
Sel
Poivre

Décortiquez soigneusement les homards. Mettez les carcasses de côté. Coupez la chair des homards en morceaux, versez dessus le piment, le safran, l'huile de truffe, salez et poivrez.

Lavez et épongez l'aneth. Pressez l'orange.

Mettez une marmite emplie d'eau sur le feu. Dès l'ébullition, salez au gros sel et versez les pâtes. Laissez cuire à petits bouillons 6 minutes.

Pendant ce temps, versez l'huile d'olive dans une sauteuse, faites suer les carcasses de homards 1 minute et retirez-les.

Mettez la chair des homards à la place des carcasses, remuez quelques secondes sur feu vif. Hors du feu, versez le jus d'orange et l'huile de truffe. Réservez.

Égouttez les pâtes, répartissez-les dans des assiettes chaudes, versez la sauce au homard dessus. Décorez de brins d'aneth ciselé.

Un peu de gym en cuisine

Pour vous délasser, placez vos mains sur le ventre, l'une sur l'autre, appuyez légèrement et effectuez des massages circulaires autour du nombril dans le sens des aiguilles d'une montre. Profitez-en pour respirer profondément en gonflant le thorax puis le ventre. Le soir, pensez à reproduire ce mouvement, il vous détendra.

L'avis du médecin

L'association des pâtes et du homard ne doit pas vous surprendre, elle est ancienne et reconnue pour ses vertus gastronomiques. De surcroît, le choix des épices, de l'huile et des herbes lui confère un côté diététique indéniable : 600 calories et 40 g de protéines par personne. Une recette à mettre à un menu de fête ! Sachez qu'il faut compter 350 g de chair de homard pour 1 kg acheté.

Tagliatelle au pesto rouge de Saint-Jacques

Préparation		15 minutes
Cuisson		20 minutes
Vaisselle		15 minutes

600 calories par portion

Pour 6 personnes

500 g de *tagliatelle*
4 kg de coquilles Saint-Jacques
1 kg de tomates
1 gousse d'ail
1 c. à soupe d'estragon séché
2 c. à soupe d'huile d'olive
Sel
Poivre

Mettez un grand volume d'eau à chauffer. Dès l'ébullition, versez les tomates. Comptez 10 secondes et retirez les tomates avec une écumoire. Réservez l'eau de cuisson.

Pelez l'ail, enlevez le germe et écrasez la gousse du plat d'un couteau. Pelez les tomates, ôtez les pépins et coupez la chair en morceaux. Lavez et épongez le basilic.

Rincez les coquilles, enlevez les barbes et posez les noix sur un morceau de papier absorbant.

Faites chauffer 1 c. à soupe d'huile dans un wok. Versez les tomates, salez et poivrez. Couvrez et laissez mijoter 9 minutes à feu doux.

Faites chauffer l'eau de cuisson des tomates. Dès l'ébullition, salez au gros sel et versez les *tagliatelle*. Laissez cuire à petits bouillons 6 minutes.

Pochez les Saint-Jacques dans les tomates pendant 1 minute. Couvrez et réservez hors du feu.

Égouttez les pâtes, versez-les dans le wok, remuez et servez aussitôt.

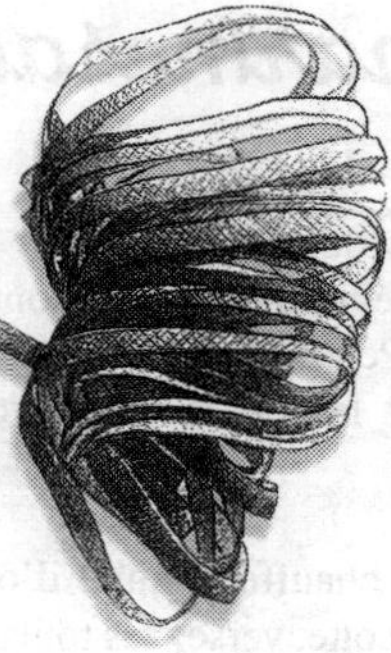

Un peu de gym en cuisine

De temps en temps, rentrez bien le ventre, serrez les fessiers au maximum et poussez le bassin à droite et à gauche d'une ligne horizontale sans cambrer. Cet exercice, pratiqué souvent, est l'ami des tailles fines et l'ennemi des poignées d'amour.

L'avis du médecin

Coquilles Saint-Jacques ou noix de pétoncles ? Malgré des qualités très différentes, les noix de pétoncles peuvent désormais être qualifiées de Saint-Jacques notamment dans les produits préparés et cuisinés industriellement. En dépit de quelques adaptations réglementaires, il est difficile d'y voir clair. La distinction est plus facile lorsque vous les achetez fraîches. Ce sont des aliments gastronomiques et diététiques, riches en magnésium et en divers vitamines et minéraux. Cette recette, qui apporte moins de 600 calories et 40 g de protéines par personne, peut être intégrée dans les régimes.

Fettucelle aux sardines en tuiles de parmesan

Préparation		15 minutes
Cuisson		15 minutes
Vaisselle		15 minutes

700 calories par portion

Pour 3 personnes

250 g de *fettucelle*
12 grosses sardines écaillées
6 petites tomates
1 gousse d'ail
6 brins de basilic
50 g de parmesan
1 c. à soupe d'huile d'olive
1 c. à café de gros sel gris
Sel
Poivre

Rincez les tomates dans une passoire, épépinez-les et concassez la chair. Pelez l'ail, enlevez le germe et écrasez la gousse du plat d'un couteau.

Faites chauffer l'huile d'olive dans une cocotte, versez les tomates, salez, poivrez et laissez sur feu vif 1 minute. Ajoutez l'ail, couvrez et poursuivez la cuisson 10 minutes à feu doux.

Mettez de l'eau à chauffer. Dès l'ébullition, salez au gros sel. Versez les pâtes et laissez bouillonner le temps de cuire les pâtes *al dente*.

Pendant ce temps, coupez la tête des sardines et videz-les. Rincez-les, épongez dans un torchon.

Préparez les tuiles de parmesan avec un gros couteau économe. Rincez et épongez le basilic. Mettez les feuilles de côté.

Quand les tomates sont cuites, versez les sardines dedans et pochez-les 2 minutes. Couvrez et réservez hors du feu.

Égouttez les pâtes, répartissez-les dans les assiettes. Retirez les sardines, versez la sauce sur les pâtes, posez les sardines dessus, recouvrez chacune d'entre elles d'une tuile de parmesan et d'une feuille de basilic. Versez une goutte d'huile d'olive dessus, poivrez et servez aussitôt.

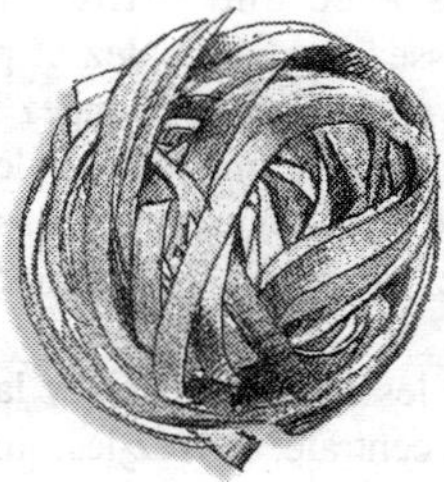

Un peu de gym en cuisine

Quand vous piétinez, réalisez des battements de jambe. Mettez-vous en appui sur la jambe droite, pointez le pied gauche et levez légèrement la jambe sur le côté une dizaine de fois. Faites de même avec la jambe droite en prenant éventuellement un appui pour garder l'équilibre. Cet exercice peut être intégré à un échauffement avant une séance de gymnastique.

L'avis du médecin

Les sardines sont des poissons gras (environ 9 %), mais dont les deux tiers sont des acides gras essentiels. Fleuron de la pêche méditerranéenne, elles sont riches en protéines d'excellente qualité mais aussi en calcium, vitamine D, fer et vitamine B12. Nous devrions en manger plus souvent. Cette recette apporte environ 700 calories et 45 g de protéines par personne. Elle est « limite » pour un régime

Lasagne aux sardines

Préparation	30 minutes
Cuisson	25 minutes
Vaisselle	20 minutes
650 calories par portion	

Pour 6 personnes

250 g de *lasagne*
1 kg de grosses sardines écaillées
100 g de parmesan râpé
1 kg de tomates
3 gousses d'ail
1 bouquet de basilic
Quelques gouttes de Tabasco
1 c. à soupe d'huile d'olive
1 c. à café de gros sel gris
Sel
Poivre

Allumez le four à 200 °C (th. 7).

Rincez les tomates dans une passoire. Coupez-les en deux et ôtez les pépins avec une petite cuillère. Concassez la chair, salez et poivrez. Réservez. Rincez et épongez le basilic. Hachez-le finement. Pelez l'ail, enlevez le germe et pressez les gousses au-dessus du basilic ciselé.

Videz les sardines, enlevez la tête et l'arête centrale, ouvrez-les, rincez-les et posez-les à plat sur un torchon.

Mettez une marmite emplie d'eau sur le feu avec quelques gouttes d'huile d'olive. Dès l'ébullition, salez au gros sel et immergez les feuilles de *lasagne*. Laissez bouillonner 5 minutes.

Passez un morceau de papier absorbant imbibé d'huile d'olive au fond d'un plat à feu rectangulaire. Égouttez les *lasagne*, posez-les sur un torchon sans les faire chevaucher. Mettez une couche de *lasagne* au fond du plat à feu, posez les sardines dessus et poivrez. Recouvrez de tomates mondées et du hachis basilic-ail.

Versez quelques gouttes de Tabasco et saupoudrez de parmesan.

Posez une seconde couche en alternant les feuilles de *lasagne*, les sardines, les tomates, le condiment et le parmesan. Terminez par une couche de *lasagne* et de parmesan. Versez dessus quelques gouttes d'huile d'olive et enfournez pour 15 minutes.

Un peu de gym en cuisine

La gymnastique doit être intégrée à votre manière de vous mouvoir. Pensez en permanence à donner de l'ampleur à votre gestuelle. Si vous voulez attraper un plat dans le haut d'un placard, montez sur la pointe des pieds. Si vous vous baissez, essayez de toucher le sol sans fléchir les jambes. Si vous saisissez quelque chose derrière vous, effectuez une rotation du buste. Mais, quel que soit le mouvement, réalisez-le lentement et avec application.

L'avis du médecin

L'association pâtes et sardines est une excellente occasion de faire découvrir de nouveaux goûts aux enfants. Les tomates apportent du potassium et, cuites, du lycopène qui préviendrait les cancers, notamment ceux de la prostate. Les sardines et le parmesan font de cette recette un repas complet : 650 calories et 45 g de protéines par personne.

Millefeuille de lasagne au saumon écarlate

Préparation		15 minutes
Cuisson		10 minutes
Vaisselle		10 minutes

500 calories par portion

Pour 2 personnes

- 4 feuilles de *lasagne*
- 2 steaks de saumon d'Écosse (150 g chacun)
- 500 g de tomates
- 1 gousse d'ail
- 4 brins de basilic
- 2 c. à café d'huile d'olive
- 1 pincée de sucre
- 1 c. à café de gros sel gris
- Sel
- Poivre

Plongez les tomates 10 secondes dans de l'eau bouillante, retirez-les avec une écumoire. Pelez les tomates, coupez-les en deux, enlevez les pépins, saupoudrez-les de sel et laissez dégorger. Épluchez l'ail, ôtez le germe. Rincez et épongez le basilic.

Mixez les tomates et l'ail avec 1 c. à café d'huile, le sel, le poivre et le sucre. Coupez grossièrement les feuilles de basilic rincées et épongées, versez le coulis dessus. Mélangez et mettez au frais.

Faites bouillir l'eau de cuisson des tomates, salez au gros sel, ébouillantez les *lasagne* 5 minutes.

Versez 1 c. à café d'huile d'olive dans une poêle, saisissez les pavés de saumon 2 minutes. Retournez-les, couvrez et réservez hors du feu.

Égoutez les feuilles de *lasagne* et posez-les dans un torchon. Mettez une feuille dans chaque assiette, installez un pavé de saumon dessus, recouvrez d'une autre feuille de *lasagne* et versez le coulis dessus. Servez aussitôt.

Un peu de gym en cuisine

Pendant que vous surveillez les lasagne, soulagez votre dos. Placez-vous contre un mur en vous appuyant des pieds à la nuque et prenez un genou entre vos mains. Tout en soufflant, tirez-le vers le haut et revenez à la position de départ en inspirant. Ce mouvement peut se reproduire au sol, lors d'une séance de gymnastique, ou au lit avant de s'endormir.

L'avis du médecin

La vitamine D est absolument indispensable à l'absorption et à l'utilisation du calcium, pour les os, les cartilages et les dents. Mais elle aurait aussi des effets anticancéreux. En revanche, il ne faut pas en abuser car l'hypervitaminose est particulièrement dangereuse notamment pour les femmes enceintes. La vitamine D a deux sources, endogène grâce au soleil qui transforme en vitamine D des stérols présents sur la peau, et alimentaire notamment dans les poissons gras : saumon, hareng, sardine, anchois, maquereau, thon. Cette recette apporte donc de la vitamine D, 500 calories et 40 g de protéines par personne. Elle est peu grasse et recommandée pour un régime.

Lasagne à la fondue de saumon et poireaux

Préparation	20 minutes
Cuisson	20 minutes
Vaisselle	15 minutes

600 calories par portion

Pour 4 personnes

8 feuilles de *lasagne*
500 g de saumon fumé sans la peau
6 petits poireaux
6 échalotes
50 g de parmesan râpé
1/2 l de lait demi-écrémé
2 c. à soupe rases de Maïzena
1 c. à soupe d'huile d'olive
2 c. à café de gros sel gris
Sel
Poivre
Muscade

Allumez le four à 200 °C (th. 7).

Pelez les échalotes, émincez-les. Versez 1 c. à soupe d'huile dans une sauteuse. Quand elle est chaude, ajoutez les échalotes, salez et poivrez. Couvrez et laissez fondre doucement 5 minutes.

Coupez un peu de vert des poireaux et leur trognon. Nettoyez les poireaux soigneusement en écartant bien les feuilles pour déloger la terre. Coupez-les en rondelles fines. Ajoutez les poireaux aux échalotes, salez, poivrez. Couvrez et laissez cuire à feu doux pendant 10 minutes.

Coupez le saumon en lamelles épaisses. Enlevez les arêtes avec une pince à épiler.

Portez une casserole d'eau sur le feu. Dès l'ébullition, salez au gros sel et plongez les feuilles de *lasagne* 5 minutes. Épongez-les dans un torchon.

Versez la Maïzena dans le lait froid, salez, poivrez et muscadez. Portez sur feu doux et laissez épaissir quelques minutes pour que la béchamel enrobe la cuillère. Avec un morceau de papier absorbant, huilez un plat à feu rectangulaire. Mettez quatre feuilles de *lasagne* au fond du plat, recouvrez avec la moitié de la sauce béchamel, versez les poireaux et le saumon. Recouvrez avec les autres feuilles de *lasagne*, versez le reste de béchamel et saupoudrez de parmesan. Enfournez pour 10 minutes dans le four bien chaud.

Un peu de gym en cuisine

Pendant la confection de la béchamel, tirez la pointe de votre pied gauche vers le haut en gardant fermement le talon au sol et la jambe tendue. Vous allez ressentir un étirement dans le mollet mais aussi dans la cuisse. Tenez la position 30 secondes et changez de pied. Cet exercice détend les jambes.

L'avis du médecin

Au Moyen Âge, on séchait les poissons gras pour faire face aux disettes. Ainsi, on pouvait trouver du saumon, des harengs, des sardines, des maquereaux et du thon séchés. Le panel des aliments présents dans cette recette est très complet : 600 calories et 40 g de protéines par personne. Elle peut figurer dans un régime.

Les plats complets de volaille

Fettucelle au canard et à l'orange

Préparation		15 minutes
Cuisson		25 minutes
Vaisselle		20 minutes

650 calories par portion

Pour 6 personnes

500 g de *fettucelle*
6 belles cuisses de canard sans la peau (1,2 kg)
2 oignons
2 gousses d'ail
1 orange
1 c. à café d'huile d'olive
2 c. à café de gros sel gris
Sel
Poivre

Pelez les oignons, émincez-les. Pelez l'ail, ôtez le germe et écrasez les gousses. Pressez l'orange.

Versez l'huile dans un wok, blondissez l'oignon doucement, salez et poivrez. Ajoutez les cuisses de canard et l'ail, salez, poivrez. Versez le jus d'orange, couvrez et laissez mijoter 15 minutes.

Mettez de l'eau sur le feu. Dès l'ébullition, salez au gros sel. Versez les pâtes et laissez bouillonner le temps de cuire les pâtes *al dente*.

Retirez les cuisses de canard, désossez-les et émincez la chair. Versez les émincés de canard dans le wok, couvrez et réservez hors du feu.

Égouttez les pâtes. Versez-les dans le wok, remuez et servez aussitôt.

Un peu de gym en cuisine

Évitez de faire de la gymnastique quand vous avez un couteau dans la main. Adoptez plutôt une position stable et sûre. Quand vous désossez le canard, écartez les jambes pour abaisser votre centre de gravité et éviter de courber le dos à moins que votre table de travail ne soit trop haute. Il faut respecter l'ergonomie de votre cuisine et s'adapter à son environnement.

L'avis du médecin

Cette recette illustre bien les qualités gastronomiques des associations sucré et salé. L'orange apporte des vitamine C, du calcium, et donne de l'onctuosité à la sauce. Le plat apporte 650 calories et 40 g de protéines par personne. Il est « limite » pour un régime.

Tagliatelle aux aiguillettes de canard et jus de poivrons rouges

Préparation		10 minutes
Cuisson		20 minutes
Vaisselle		15 minutes

500 calories par portion

Pour 3 personnes

250 g de *tagliatelle*
400 g d'aiguillettes de canard
1 gousse d'ail
1 c. à café d'estragon séché
1 c. à soupe de vinaigre balsamique
1 c. à soupe d'huile d'olive
1 c. à café de gros sel gris
Sel
Poivre

Lavez les poivrons, essuyez-les. Coupez-les en deux, enlevez les pépins et taillez-les en lanières fines.

Faites chauffer l'huile d'olive dans un wok, versez les poivrons, salez et poivrez. Remuez quelques secondes sur feu vif puis baissez le feu.

Pelez l'ail et enlevez le germe. Pressez la gousse au-dessus des poivrons, ajoutez l'estragon, couvrez et laissez caraméliser doucement 15 minutes.

Mettez une casserole d'eau sur le feu. Dès l'ébullition, salez au gros sel et versez les pâtes. Laissez cuire à petits bouillons 6 minutes.

Ajoutez les aiguillettes de canard aux poivrons, laissez 1 minute sur feu vif sans couvrir. Couvrez et réservez hors du feu.

Égouttez les *tagliatelle*.

Versez les pâtes dans le wok, remuez et servez aussitôt.

Un peu de gym en cuisine

Pendant la cuisson de la viande, assurez votre équilibre avec la main droite ou en vous appuyant sur le plan de travail. Puis pliez la jambe gauche vers l'arrière et saisissez fermement votre pied avec la main gauche. Tirez-le vers l'arrière et vers le haut en écartant le genou pendant 30 secondes. Faites de même avec l'autre jambe. C'est un exercice difficile qui demande de l'entraînement mais qui tonifiera efficacement vos quadriceps.

L'avis du médecin

Comme on le dit en Bigorre : « Si tu veux vivre vieux, bois du vin et mange de la graisse d'oie et de canard. » Le paradoxe français étonne le monde entier. Notre pays a l'un des plus faibles taux de mortalité par maladies cardiovasculaires et le Sud-Ouest affiche les meilleurs résultats. On sait effectivement que les graisses de canard contiennent au moins 50 % d'acides gras mono-insaturés. La qualité des produits et le respect de l'équilibre alimentaire sont essentiels. Cette recette apporte moins de 500 calories et 35 g de protéines par personne. Elle est parfaite pour un régime.

Nouilles sautées au canard et chou chinois

Préparation		15 minutes
Cuisson		20 minutes
Vaisselle		30 minutes

700 calories par portion

Pour 3 personnes

250 g de nouilles chinoises à la semoule de blé dur
3 belles cuisses de canard sans la peau
1/2 chou chinois
1 c. à café de vinaigre balsamique
1 c. à café de sauce de soja
1 c. à café d'huile d'olive
Sel
Poivre

Pour le bouillon

1/2 chou chinois
1 carotte
1 oignon
2 clous de girofle
20 grains de poivre
1 bouquet garni
1 c. à café de gros sel gris

Lavez le chou, coupez-le en deux. Réservez une moitié. Grattez la carotte, rincez-la avec le bouquet garni. Pelez et piquez l'oignon avec les clous de girofle. Épluchez l'ail, ôtez le germe et écrasez la gousse du plat d'un couteau.

Mettez les légumes dans une cocotte. Enfermez les grains de poivre dans une boule à thé, posez-la sur les légumes et versez 1/2 litre d'eau dessus. Portez à ébullition. Versez le sel, ajoutez le canard, couvrez et laissez cuire à petits bouillons pendant 15 minutes.

Retirez tous les légumes du bouillon ainsi que la boule à thé et le canard. Gardez le bouillon au chaud. Décortiquez le canard. Réservez dans une jatte.

Émincez la moitié du chou. Faites chauffer l'huile d'olive dans un wok, versez le chou et laissez revenir 2 minutes. Ajoutez au canard, couvrez et réservez au chaud.

Versez la moitié du bouillon dans le wok, ajoutez les nouilles en les remuant sur feu doux avec une fourchette pour bien les séparer, salez et poivrez. Ajoutez le canard et le chou. Laissez cuire sur feu doux 1 minute en versant un peu de bouillon si besoin.

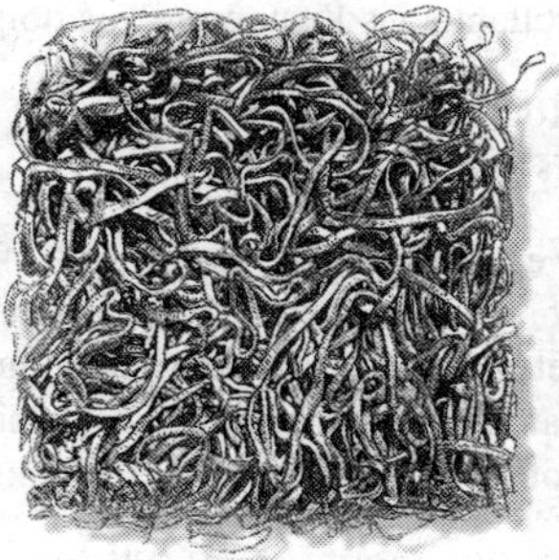

Un peu de gym en cuisine

Pendant la cuisson des pâtes, étirez-vous en poussant vos bras devant vous. Debout, un pied devant l'autre, nouez vos mains devant votre poitrine et tirez le plus possible sur elles en creusant le ventre et en soufflant. Pour être efficace, l'étirement doit durer 30 secondes au moins. Changez vos appuis en passant le pied arrière devant.

L'avis du médecin

Pour ceux qui sont au régime, les restaurants chinois peuvent être une aubaine : riz nature, cuisine vapeur, thé en boisson, bouillons et salades, fruits en dessert. Les canards ont des qualités nutritives diverses : le canard sauvage est maigre puisqu'il migre, le canard gras est gras par définition tandis que le canard de cette recette est intermédiaire : 700 calories et 40 g de protéines par personne.

Tagliatelle aux coquelets et topinambours

Préparation	15 minutes
Cuisson	30 minutes
Vaisselle	30 minutes

600 calories par portion

Pour 3 personnes

250 g de *tagliatelle*
3 coquelets en crapaudine
6 petits topinambours
1 citron
1 c. à café d'huile d'olive
2 c. à café de grains de cumin
2 c. à café de gros sel gris
Sel
Poivre

Pressez le citron.

Lavez bien les topinambours en les frottant sous l'eau entre vos doigts.

Roulez les moitiés de coquelet dans les grains de cumin.

Versez l'huile dans un wok, faites dorer les coquelets, salez et poivrez. Jetez le jus. Remettez les coquelets dans le wok, arrosez du jus de citron, couvrez et laissez cuire 10 minutes.

Mettez une casserole d'eau sur le feu. Dès l'ébullition, salez avec 1 c. à café de gros sel gris et immergez les topinambours. Laissez cuire à petits bouillons 15 minutes.

Retirez les topinambours en vérifiant la cuisson avec une aiguille. Les topinambours ne doivent plus offrir de résistance.

Attendez qu'ils tiédissent.

Pelez et émincez les topinambours. Hors du feu, ajoutez-les aux coquelets.

Réservez le temps de cuire les *tagliatelle*.

Quand les pâtes sont cuites, enlevez les coquelets, versez les pâtes dans le wok et remuez. Dressez dans les assiettes et posez les coquelets au centre.

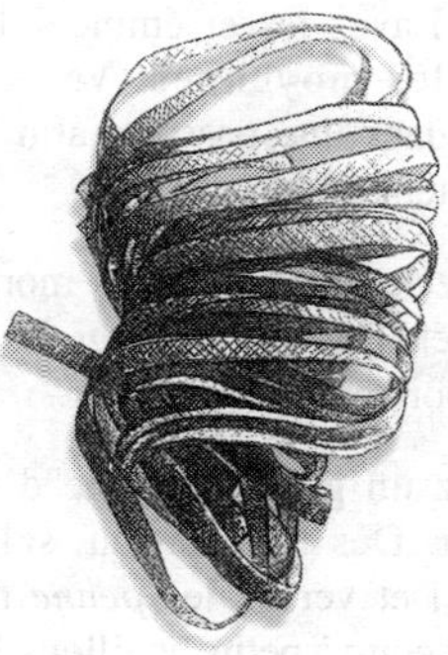

Un peu de gym en cuisine

Profitez des pauses dans la réalisation de cette recette pour vous délasser. Placez une balle de tennis sous votre pied et faites-la rouler sur toute la surface de la plante, puis changez de côté. Cet exercice peut être reproduit quand vous travaillez devant un écran par exemple. Il existe des petits appareils avec des boules de bois qui sont parfaits pour cela.

L'avis du médecin

Le topinambour porte le nom d'une peuplade indienne, friande de ce légume qu'on appelle aussi « artichaut de Jérusalem » à cause de sa saveur qui rappelle celle de l'artichaut. Il s'agit d'un légume riche en fibres et en sucres lents, ami des régimes d'autant qu'il fournit du potassium à l'organisme. Le coquelet est une viande jeune mais pauvre en graisse. Cette recette apporte 600 calories et 40 g de protéines par personne.

Penne au lapin et aux courgettes

Préparation	10 minutes
Cuisson	20 minutes
Vaisselle	20 minutes

600 calories par portion

Pour 6 personnes

500 g de *penne*
1 gros lapin désossé
4 petites courgettes
3 c. à soupe rases de câpres (30 g)
1 c. à café de cumin en poudre
1 c. à soupe de thym séché
1 c. à soupe d'huile d'olive
2 c. à café de gros sel gris
Sel
Poivre

Coupez la base et le haut des courgettes. Lavez-les et émincez-les en rondelles moyennes. Versez les câpres dans une passoire afin qu'ils s'égouttent.

Coupez le lapin en petits morceaux en le débarrassant de sa graisse. Salez et poivrez les morceaux.

Mettez un grand volume d'eau à bouillir. Dès l'ébullition, salez au gros sel et versez les *penne* rigate. Laissez cuire à petits bouillons 12 minutes.

Faites chauffer 1 c. à soupe d'huile d'olive dans un wok, versez les courgettes, salez et poivrez. Laissez dorer 1 minute.

Ajoutez le lapin aux courgettes, saupoudrez de cumin et thym. Couvrez et laissez cuire doucement 5 minutes.

Égouttez les pâtes. Versez les *penne* dans le wok, remuez et servez.

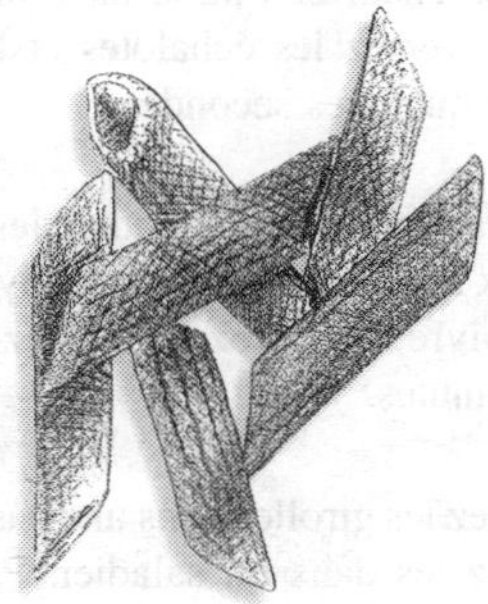

Un peu de gym en cuisine

Si vous ressentez des tensions, placez vos bras tendus contre un mur et mettez-vous dos plat parallèle au sol, un pied devant l'autre. Repoussez la poitrine vers le sol en inspirant. Prenez conscience de l'étirement de tous vos muscles postérieurs.

L'avis du médecin

Riche en fibres, minéraux et oligo-éléments, la courge est consommée depuis des siècles en Amérique centrale, mais ce sont les Italiens qui ont eu l'idée de l'utiliser avant maturation dans leurs recettes. Le lapin est également très apprécié en Italie. Ces deux ingrédients font de cette recette un plat minceur par excellence : 50 g de protéines par personne et 600 calories.

Bucatini au lapin et aux girolles

Préparation		10 minutes
Cuisson		25 minutes
Vaisselle		25 minutes

600 calories par portion

Pour 6 personnes

500 g de *bucatini*
1 gros lapin en morceaux
6 belles échalotes roses
50 g de girolles séchées
1 orange
4 brins de thym
1 c. à soupe d'huile d'olive
2 c. à café de gros sel gris
Sel
Poivre

Pelez les échalotes, émincez-les.

Faites chauffer l'huile dans une cocotte, versez les échalotes et laissez dorer quelques secondes.

Dégraissez le lapin, ajoutez les morceaux aux échalotes avec le thym, sel et poivre. Couvrez et laissez cuire 20 minutes.

Rincez les girolles dans une passoire, versez-les dans un saladier. Pressez l'orange. Versez le jus d'orange sur les girolles, couvrez et réservez au coin du feu.

Mettez de l'eau sur le feu. Dès l'ébullition, salez au gros sel. Versez les pâtes et laissez bouillonner le temps de cuire les pâtes *al dente*.

Versez les champignons dans la cocotte. Poursuivez la cuisson 5 minutes. Enlevez le thym et réservez hors du feu.

Égouttez les pâtes, versez-les dans la cocotte, remuez et servez aussitôt.

Un peu de gym en cuisine

Pendant la cuisson des pâtes, allongez vos bras latéralement dans le prolongement des épaules, paumes dirigées vers l'arrière. Poussez sur les mains vers l'arrière en inspirant une dizaine de fois. Ces exercices débloquent les épaules et galbent les bras.

L'avis du médecin

Même lorsqu'il est d'élevage, le lapin est une viande maigre, riche en fer et vitamine B. C'est d'autre part une viande bon marché, particulièrement judicieuse et appréciée lors des régimes. Cette recette est un plat minceur par excellence : 600 calories et 40 g de protéines par personne.

Spaghetti à la pintade et aux coeurs d'artichauts

Préparation	15 minutes
Cuisson	25 minutes
Vaisselle	25 minutes

600 calories par portion

Pour 6 personnes

500 g de *spaghetti*
1 grosse pintade désossée
2 boîtes de cœurs d'artichauts (480 g égouttés)
1/2 pamplemousse
1 oignon
2 gousses d'ail
1 c. à café de curcuma
1 c. à soupe d'huile d'olive
2 c. à café de gros sel gris
Sel
Poivre

Enlevez la peau de la pintade, coupez-la en morceaux. Pressez le demi-pamplemousse. Épluchez l'oignon, émincez-le. Épluchez l'ail, ôtez le germe et écrasez les gousses du plat d'un couteau.

Versez l'huile dans le wok. Quand elle est chaude, ajoutez l'oignon, salez et laissez blondir doucement pendant 1 minute.

Ajoutez les gousses d'ail écrasées, les morceaux de pintade. Saupoudrez de curcuma, poivrez, versez le jus de pamplemousse et laissez cuire doucement 15 minutes.

Pendant ce temps, versez les artichauts dans une passoire et rincez-les rapidement. Laissez-les s'égoutter.

Mettez de l'eau sur le feu. Dès l'ébullition, salez au gros sel. Versez les pâtes et laissez bouillonner le temps de cuire les pâtes *al dente*.

Ajoutez les cœurs d'artichauts à la pintade. Réservez hors du feu.

Égouttez les pâtes, versez-les dans le wok, remuez bien et servez aussitôt.

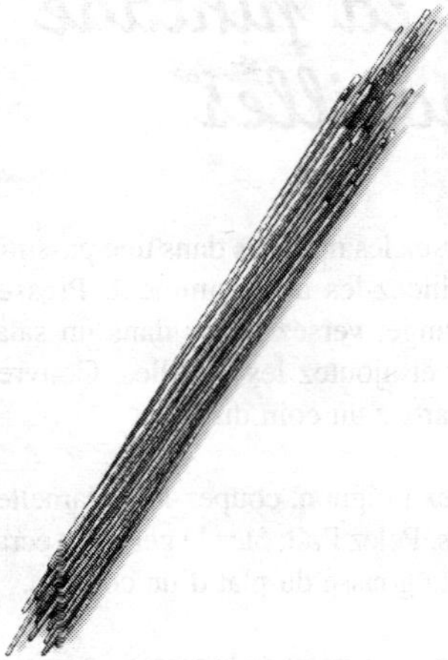

Un peu de gym en cuisine

Si vous avez un peu de temps pendant la cuisson des pâtes, apprenez à décomposer votre démarche. Pour cela, exécutez plusieurs pas en accentuant la phase de poussée au sol de votre pied arrière, comme si vous vouliez monter sur la pointe. Concentrez-vous pour bien décomposer le mouvement et bien contracter les fessiers. Lorsque vous aurez acquis l'habitude de repousser le sol, vous n'aurez plus qu'à accélérer vos pas. Une marche rapide est aussi bénéfique qu'un jogging à allure modérée, et consomme autant de calories, voire davantage.

L'avis du médecin

Bien pourvu en glucides complexes, l'artichaut comporte de l'inuline qui lui confère une saveur légèrement sucrée. L'apport minéral est important (potassium, phosphore, magnésium, fer), ainsi que celui des vitamines B1 et B3. La pintade est une viande légère, surtout si on ne mange pas la peau comme nous le préconisons dans cette recette minceur par excellence : 40 g de protéines et 600 calories par personne.

Tagliatelle à la pintade et aux morilles

Préparation		15 minutes
Cuisson		25 minutes
Vaisselle		25 minutes

650 calories par portion

Pour 6 personnes

500 g de *tagliatelle*
1 grosse pintade désossée
50 g de morilles séchées
1 orange
1 oignon
1 gousse d'ail
1 c. à café de cannelle en poudre
1 c. à café d'huile d'olive
1 c. à soupe de gros sel gris
Sel
Poivre

Versez les morilles dans une passoire et rincez-les abondamment. Pressez l'orange, versez le jus dans un saladier et ajoutez les morilles. Couvrez et gardez au coin du feu.

Pelez l'oignon, coupez-le en lamelles fines. Pelez l'ail, ôtez le germe et écrasez la gousse du plat d'un couteau.

Enlevez la peau de la pintade, coupez-la en petits morceaux.

Faites chauffer l'huile dans un wok, blondissez l'oignon pendant 1 minute, salez et poivrez. Ajoutez la pintade et l'ail, salez et poivrez de nouveau. Laissez cuire doucement 10 minutes.

Ajoutez les morilles et poursuivez la cuisson 5 minutes supplémentaires.

Versez une grande quantité d'eau dans un fait-tout. Dès l'ébullition, salez au gros sel. Versez les *tagliatelle* et laissez bouillonner 6 minutes.

Égouttez rapidement les pâtes. Versez-les dans le wok, remuez et servez aussitôt.

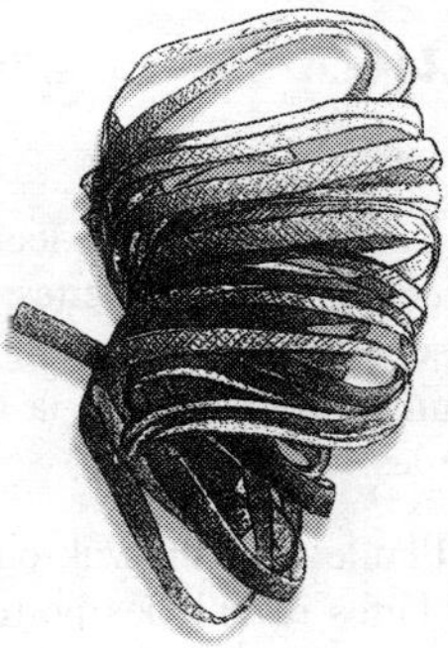

Un peu de gym en cuisine

Pendant la cuisson des pâtes, écartez-vous de la cuisinière et nouez vos mains derrière le dos. Plongez le buste en avant sans fléchir les jambes, les bras montant derrière vous. Soufflez pendant l'étirement. Cet exercice assouplit tous les muscles postérieurs de la colonne vertébrale et des jambes. Si vous craignez les vertiges, gardez un point d'appui stable, en appuyant l'arrière de vos cuisses sur une chaise bien calée par exemple.

L'avis du médecin

Ce sont les cuisiniers de la Rome antique qui ont accommodé les champignons et divulgué leur mode. Comme tous les champignons en général, les morilles sont riches en protéines, fibres, vitamines du groupe B, minéraux et oligo-éléments. Associées à une viande fine comme la pintade, elles composent un plat de grande qualité gastronomique et nutritive : 50 g de protéines et 650 calories par personne rendent cette recette possible lors d'un régime mais sans aucun accompagnement.

Lumaconi aux émincés de poulet et poireaux

Préparation	10 minutes
Cuisson	25 minutes
Vaisselle	15 minutes

600 calories par portion

Pour 6 personnes

500 g de *lumaconi*
6 beaux blancs de poulet
6 petits poireaux
2 yaourts
1 c. à soupe d'huile d'olive
1 c. à café de sauce de soja
1 pincée de muscade
2 c. à café de gros sel gris
Sel
Poivre

Débarrassez les poireaux de leur trognon et de leurs feuilles vertes. Passez-les sous l'eau en écartant bien leurs feuilles pour déloger la terre. Émincez-les.

Versez l'huile dans un wok ou une cocotte, faites revenir les poireaux, salez et poivrez. Laissez cuire doucement pendant 10 minutes.

Mettez de l'eau sur le feu. Dès l'ébullition, salez au gros sel. Versez les pâtes et laissez bouillonner le temps de cuire les pâtes *al dente*.

Escalopez les blancs de poulet et versez la sauce de soja dessus. Ajoutez les morceaux de poulet aux poireaux. Poursuivez la cuisson 5 minutes. Versez les yaourts, remuez et réservez hors du feu.

Égouttez les pâtes. Versez-les dans le poulet. Remuez et servez aussitôt.

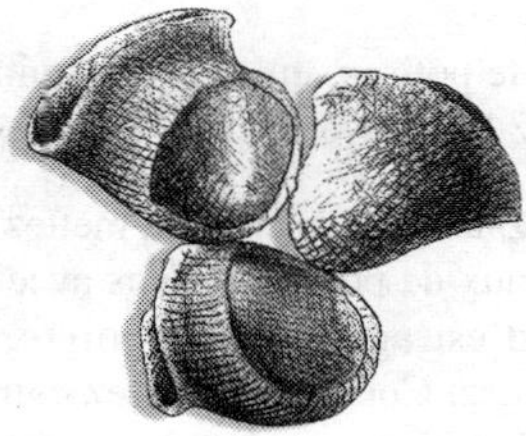

Un peu de gym en cuisine

Profitez de la cuisson du poulet pour renforcer vos muscles obliques qui font le ventre plat. Debout, jambes écartées et mains à la taille, basculez le buste vers le genou droit, relevez-vous et recommencez à gauche en soufflant. Pour vous équilibrer, vous pouvez également l'exécuter en démarrant bras écartés et en amenant la main sur le pied controlatéral. Attention aux vertiges : ne restez pas trop longtemps penché.

L'avis du médecin

L'empereur Néron aimait le poireau. Comme il aimait aussi chanter sur scène, il en mangeait beaucoup pour fortifier sa voix. L'apport minéral et vitaminique du poireau étant excellent, Néron devait en ressentir les effets. Ceci pourrait expliquer cela. Quoi qu'il en soit, cette recette est équilibrée par sa teneur en protéines, calcium et glucides : 45 g de protéines et 600 calories par personne. Elle obtient son passeport pour le régime.

Casareccia au poulet sauce potiron

Préparation	15 minutes
Cuisson	25 minutes
Vaisselle	30 minutes

600 calories par portion

Pour 6 personnes

500 g de *casareccia*
6 beaux blancs de poulet
1 kg de potiron
6 brins d'estragon
1/2 l de lait demi-écrémé
50 g de parmesan râpé
2 c. à café de gros sel gris
Sel
Poivre
Muscade

Lavez et épongez l'estragon. Mettez les feuilles de côté.

Pelez le potiron, enlevez les graines, coupez la chair en cubes.

Versez le lait dans un wok, mettez les morceaux de potiron dedans avec les tiges d'estragon. Salez, poivrez et muscadez. Couvrez et laissez cuire à petits bouillons pendant 10 minutes.

Posez le poulet sur le potiron et poursuivez la cuisson 10 minutes.

Mettez de l'eau sur le feu. Dès l'ébullition, salez au gros sel. Versez les pâtes et laissez bouillonner le temps de cuire les pâtes *al dente*.

Enlevez le poulet, émincez-le, réservez entre deux assiettes.

Retirez le potiron avec une écumoire, écrasez-le grossièrement avec un peu de lait de cuisson de façon à confectionner une sauce épaisse. Ajoutez le parmesan et le poulet, mélangez.

Égouttez les pâtes rapidement, versez la sauce au potiron dedans, remuez et saupoudrez de feuilles d'estragon.

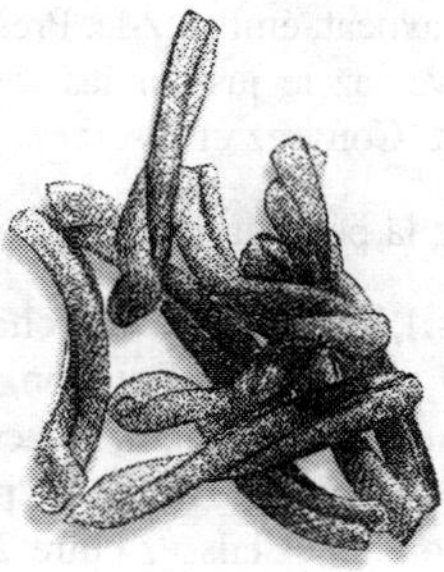

Un peu de gym en cuisine

Pendant la cuisson des pâtes, montez les bras tendus au-dessus de la tête. Puis tirez doucement sur le coude gauche et le bras gauche pour vous grandir au maximum de ce côté. Marquez un temps d'arrêt et alternez avec le bras droit. Efforcez-vous de bien sentir l'étirement de la nuque et des épaules. On peut le faire chez soi, devant un ordinateur, ou au bureau.

L'avis du médecin

Le potiron est connu depuis le Moyen Âge sous le nom de citrouille. On le séchait pour l'hiver sur des clayettes. Au XVIIe siècle, on faisait même des pains à la citrouille. Voici une recette minceur : 45 g de protéines et 600 calories par personne.

Linguine au poulet et à l'avocat

Préparation		15 minutes
Cuisson		30 minutes
Vaisselle		25 minutes

650 calories par portion

Pour 6 personnes

500 g de *linguine*
1 poulet en morceaux
1 avocat
1 citron
1 oignon
1 c. à soupe d'huile d'olive
2 c. à café de gros sel gris
Sel
Poivre

Pelez l'avocat, émincez-le. Pressez le citron, versez le jus sur les tranches d'avocat. Couvrez et réservez.

Enlevez la peau du poulet.

Mettez l'huile d'olive à chauffer dans un wok, versez l'oignon, salez, poivrez et laissez blondir doucement quelques secondes. Ajoutez le poulet, salez, poivrez et laissez cuire 25 minutes à feu doux.

Dix minutes avant la fin de la cuisson du poulet, mettez de l'eau sur le feu. Dès l'ébullition, salez au gros sel. Versez les pâtes et laissez bouillonner le temps de cuire les pâtes *al dente*.

Décortiquez le poulet, remettez-le dans le wok avec l'avocat, couvrez et réservez hors du feu.

Égouttez les pâtes. Versez-les dans le wok et servez aussitôt.

Un peu de gym en cuisine

Pendant la cuisson du poulet, faites des élévations latérales des bras pour renforcer les muscles cervicaux et les trapèzes. Debout, pieds légèrement écartés, soulevez les bras à l'horizontale et revenez à la position de départ en soufflant.

L'avis du médecin

L'avocatier est appelé « arbre à beurre », c'est dire la richesse des avocats eux-mêmes en graisses (15 à 20 %) mais aussi en minéraux et vitamines. Les habitants des îles tropicales le savent bien et l'utilisent pour leurs cheveux. Mais, comme cette recette ne nécessite qu'un avocat, elle reste relativement sobre : 45 g de protéines et 650 calories par personne.

Spaghetti au poulet et aux pois gourmands

Préparation	15 minutes
Cuisson	30 minutes
Vaisselle	15 minutes

700 calories par portion

Pour 6 personnes

500 g de *spaghetti*
1 poulet en morceaux
500 g de pois gourmands
1/2 pamplemousse
2 c. à café d'estragon séché
2 c. à café de curcuma en poudre
1 c. à soupe d'huile d'olive
2 c. à café de gros sel gris
Sel
Poivre

Enlevez le plus possible de peau au poulet. Roulez les morceaux dans le curcuma et l'estragon. Pressez le demi-pamplemousse.

Versez l'huile dans un wok et faites dorer les morceaux de poulet sur feu vif. Baissez le feu, arrosez de jus de pamplemousse, couvrez et laissez cuire 20 minutes.

Équeutez les pois gourmands, rincez-les rapidement dans une passoire. Ajoutez-les au poulet et poursuivez la cuisson 10 minutes.

Mettez de l'eau sur le feu. Dès l'ébullition, salez au gros sel. Versez les pâtes et laissez bouillonner le temps de cuire les pâtes *al dente*.

Égouttez les pâtes. Versez-les dans le wok. Remuez quelques secondes sur feu vif pour dorer les pâtes et servez aussitôt.

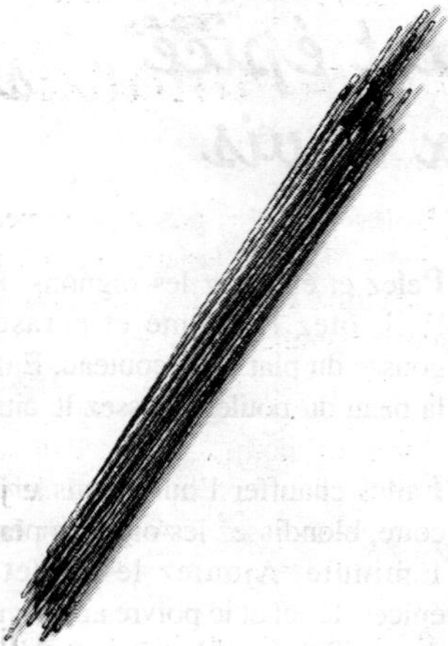

Un peu de gym en cuisine

Pendant la cuisson des pâtes, réalisez quelques élévations frontales. Mains sur le devant des cuisses, levez le bras droit devant vous à hauteur de la poitrine en gardant le poing fermé, puis levez le bras gauche. Revenez à la position de départ en soufflant. Cet exercice renforce les deltoïdes et fait de belles épaules.

L'avis du médecin

Les pois sont un des fleurons de nos potagers, à mi-chemin entre les féculents et les légumes verts. Ils font partie des légumes apportant des quantités notables de protéines entre 4 % et 6 %. Ils ont à peu près la même valeur calorique que la pomme de terre et sont riches en fer, vitamines B1, B2. Le curcuma est souvent employé pour remplacer le safran car il est beaucoup moins cher. Cette recette, parfaite pour recevoir, apporte 50 g de protéines et plus de 700 calories par personne, elle est donc un peu riche pour figurer dans un régime.

Spaghettoni au poulet épicé et aux kiwis

Préparation	15 minutes
Cuisson	30 minutes
Vaisselle	15 minutes

600 calories par portion

Pour 6 personnes

500 g de *spaghettoni*
1 gros poulet en morceaux
3 kiwis
1 citron
3 oignons
2 gousses d'ail
1 c. à café de curcuma en poudre
1 c. à café de gingembre en poudre
1 c. à soupe d'huile d'olive
2 c. à café de gros sel gris
Sel
Poivre

Pelez et émincez les oignons. Pelez l'ail, ôtez le germe et écrasez la gousse du plat d'un couteau. Enlevez la peau du poulet. Pressez le citron.

Faites chauffer l'huile dans une cocotte, blondissez les oignons pendant 1 minute. Ajoutez le poulet, les épices, le sel et le poivre aux oignons. Arrosez de jus de citron et laissez cuire doucement 25 minutes.

Mettez un grand volume d'eau à bouillir. Dès l'ébullition, salez au gros sel et versez les *spaghetti*. Laissez cuire à petits bouillons 10 minutes.

Désossez le poulet et coupez-le en lamelles. Ajoutez les morceaux à la sauce.

Pelez les kiwis, émincez-les. Ajoutez les rondelles de kiwis au poulet. Réservez hors du feu.

Égouttez les pâtes. Versez-les dans la cocotte, remuez et servez aussitôt.

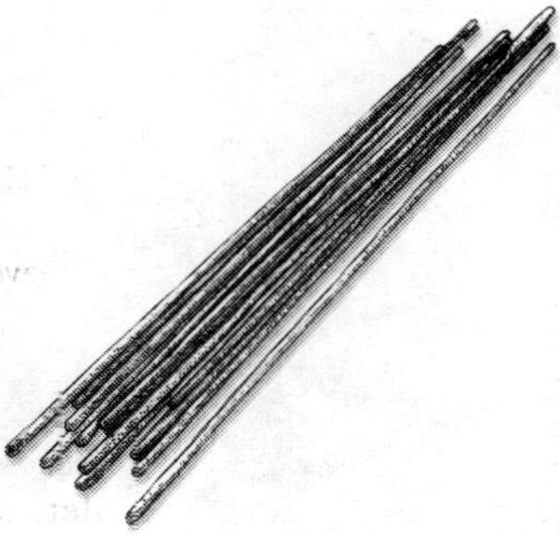

Un peu de gym en cuisine

Pendant la cuisson du poulet, tonifiez vos cuisses et vos fesses. Pieds légèrement écartés, descendez le bassin en avançant légèrement le buste et en gardant les cuisses à l'oblique puis remontez en serrant les fesses sans tendre totalement les genoux. Cet exercice est réalisé en salle avec une barre légère : c'est le « pump ».

L'avis du médecin

Les kiwis sont très riches en vitamine C, davantage que l'orange et que le cassis. Puissant antioxydant, la vitamine C est indispensable pour notre forme et notre beauté mais, au-delà de 500 mg par jour, les supplémentations importantes de vitamine C, comme font les Américains, sont inutiles voire nocives. Cette recette peut être choisie pour un régime : 40 g de protéines et moins de 600 calories par personne.

Les plats complets de viande

Pappardelle d'agneau aux aubergines

Préparation	15 minutes
Cuisson	1 heure
Vaisselle	20 minutes

700 calories par portion

Pour 6 personnes

500 g de *pappardelle*
1 petit gigot raccourci (1,5 kg)
6 aubergines
6 gousses d'ail
1 bouquet garni
2 c. à café de cumin
1 c. à café d'huile d'olive
2 c. à café de gros sel gris
Sel
Poivre

Rincez les aubergines dans une passoire, coupez le haut et la base et découpez-les en rondelles moyennes.

Dégraissez le gigot complètement, roulez-le dans le cumin, le sel et le poivre.

Faites chauffer l'huile d'olive dans un wok, installez le gigot et recouvrez-le avec les aubergines. Salez et poivrez. Ajoutez les gousses d'ail en chemise, couvrez et laissez cuire doucement 45 minutes.

Retirez le gigot, découpez-le en lamelles. Versez les morceaux de gigot dans le wok. Réservez hors du feu.

Mettez de l'eau sur le feu. Dès l'ébullition, salez au gros sel. Versez les pâtes et laissez bouillonner le temps de cuire les pâtes *al dente*.

Égouttez les pâtes, versez-les dans le wok, remuez et servez.

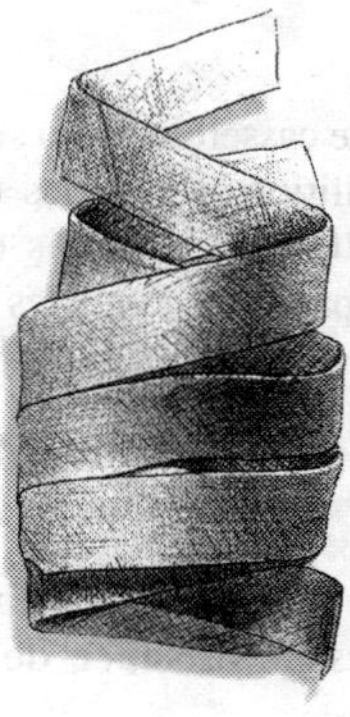

Un peu de gym en cuisine

Pendant que vous surveillez les pâtes, pensez à pousser vos épaules en arrière, en gardant les bras devant vous. Tirez sur vos coudes fléchis, parallèles au sol, et ouvrez votre cage thoracique. Vous pouvez faire cet exercice en travaillant, devant un écran par exemple. Il maintient la musculature dorsale en bon état et allonge la nuque.

L'avis du médecin

L'aubergine est d'origine indienne. Au XIe siècle, le grand médecin arabe Avicenne l'évoque dans son ouvrage sur la médecine. C'est un légume riche en vitamines et minéraux, mais qui a le défaut d'absorber les graisses. Nous avons détourné la difficulté en cuisant les aubergines à la vapeur. De ce fait, cette recette reste convenable : 50 g de protéines et moins de 700 calories par personne.

Tagliatelle d'autruche aux tomates confites

Préparation	15 minutes
Cuisson	25 minutes
Vaisselle	20 minutes

550 calories par portion

Pour 3 personnes

250 g de *tagliatelle*
400 g d'autruche
3 petites tomates
1 gousse d'ail
1 c. à café d'estragon séché
1 c. à soupe d'huile d'olive
1 c. à soupe de vinaigre balsamique
1 c. à soupe de sauce de soja
1 c. à café de gros sel gris
Sel
Poivre

Mettez une casserole d'eau sur le feu. Dès l'ébullition, versez les tomates, comptez 10 secondes puis égouttez dans une passoire. Pelez-les et enlevez les pépins. Coupez la chair en dés.

Pelez la gousse d'ail, enlevez le germe.

Détaillez l'autruche en lamelles, versez dessus la sauce de soja et l'estragon.

Faites chauffer l'huile d'olive dans un wok, versez les tomates, salez et poivrez. Remuez sur feu vif quelques secondes, pressez l'ail au-dessus des tomates puis couvrez et laissez compoter doucement 10 minutes.

Mettez une casserole d'eau sur le feu. Dès l'ébullition, salez au gros sel et versez les pâtes. Laissez cuire à petits bouillons 6 minutes.

Ajoutez l'autruche aux tomates. Faites cuire sur feu vif 1 minute. Versez le vinaigre balsamique, remuez et réservez hors du feu.

Égouttez les *tagliatelle*. Versez-les dans le wok, remuez et servez aussitôt.

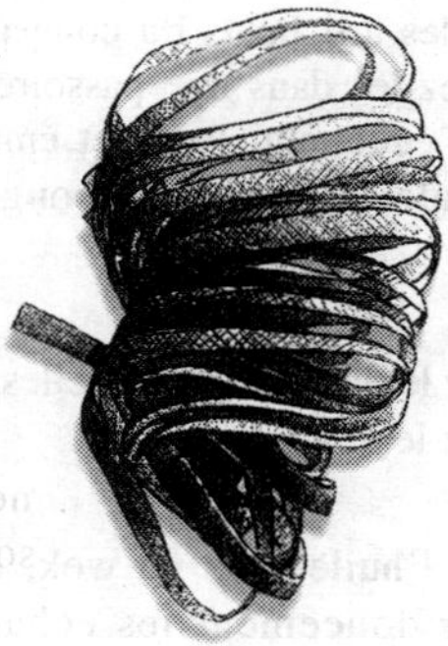

Un peu de gym en cuisine

En attendant que les pâtes soient al dente, *nouez vos mains derrière le dos, puis tirez sur vos bras en arrière et inspirez profondément. Ce mouvement procure une sensation de détente au niveau des épaules et du dos.*

L'avis du médecin

L'autruche est une viande maigre particulièrement riche en protéines, fer et vitamine B. Elle capte les saveurs et s'accommode bien des marinades. C'est donc une viande à découvrir. L'estragon, surtout frais, est très riche en vitamine C. Cette recette est parfaite pour un régime : 35 g de protéines et 550 calories par personne.

Fettucelle aux émincés de boeuf et artichauts

Préparation		5 minutes
Cuisson		15 minutes
Vaisselle		15 minutes

600 calories par portion

Pour 6 personnes

500 g de *fettucelle*
800 g de cœur de rumsteck
6 échalotes
6 fonds d'artichauts surgelés
6 brins de persil
1 c. à café de gingembre
1 c. à soupe d'huile d'olive
2 c. à soupe de vinaigre balsamique
2 c. à café de gros sel gris
Sel
Poivre

Sortez les artichauts du congélateur et mettez-les dans une passoire afin qu'ils s'égouttent. Pelez et émincez les échalotes. Lavez et épongez le persil.

Coupez le rumsteck en lamelles, saupoudrez-le de gingembre.

Versez l'huile dans un wok, faites blondir doucement les échalotes 1 minute. Ajoutez les artichauts, salez, poivrez et couvrez. Comptez 5 minutes de cuisson.

Versez le rumsteck, salez, poivrez et laissez cuire 1 minute. Ajoutez le vinaigre, remuez, couvrez et réservez hors du feu.

Mettez de l'eau sur le feu. Dès l'ébullition, salez au gros sel. Versez les pâtes et laissez bouillonner le temps de cuire les pâtes *al dente*.

Égouttez les pâtes. Versez-les dans le wok et saupoudrez de feuilles de persil avant de servir.

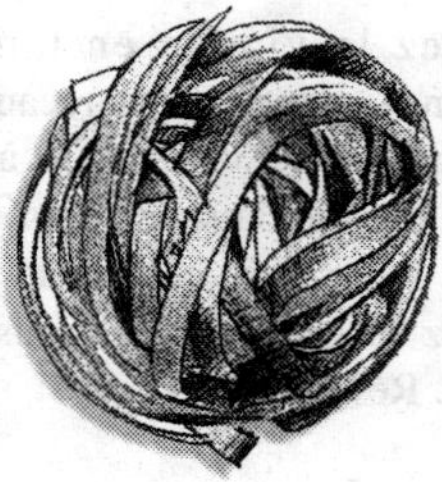

Un peu de gym en cuisine

Profitez d'une pause pour démarrer cet exercice debout, le corps bien droit et décontracté, les bras le long du corps. Tout en expirant, enroulez doucement votre dos comme si vous étiez un escargot qui rentre dans sa coquille, puis redressez-vous en inspirant. Ce mouvement diminue les tensions, vous pouvez le reproduire souvent dans votre vie de tous les jours, même assis. Il est très important de le faire lentement en suivant votre rythme respiratoire.

L'avis du médecin

Cette recette apporte des protéines et du fer, matériaux permettant la construction des globules rouges. Les pâtes fournissent l'énergie pour mener à bien ce travail. Ce plat, à condition d'être unique, peut être programmé dans un régime : un peu plus de 600 calories et 35 g de protéines par personne.

Linguine aux émincés de boeuf et oignons

Préparation	5 minutes
Cuisson	10 minutes
Vaisselle	15 minutes

600 calories par portion

Pour 6 personnes

500 g de *linguine*
800 g de cœur de rumsteck
3 oignons
1 gousse d'ail
12 brins de persil
2 c. à soupe d'huile d'olive
1 c. à soupe de sauce de soja
1 c. à soupe de vinaigre balsamique
1 c. à soupe de gros sel gris
Sel
Poivre

Coupez la viande en lamelles moyennes, mettez les morceaux dans une jatte. Versez dessus 1 c. à soupe d'huile d'olive, la sauce de soja et le poivre. Pelez l'ail, enlevez le germe, pressez la gousse au-dessus de la viande. Réservez.

Pelez les oignons, émincez-les finement. Rincez le persil et ciselez les feuilles.

Mettez de l'eau sur le feu. Dès l'ébullition, salez au gros sel. Versez les pâtes et laissez bouillonner le temps de cuire les pâtes *al dente*.

Faites chauffer 1 c. à soupe d'huile d'olive dans un wok, blondissez les oignons pendant 1 minute. Ajoutez les lamelles de bœuf et poursuivez la cuisson quelques secondes. Versez le vinaigre balsamique, remuez, couvrez et réservez hors du feu.

Égouttez les pâtes. Versez-les dans le wok, remuez et servez en saupoudrant chaque assiette de persil ciselé.

Un peu de gym en cuisine

On peut cuisiner et faire des « squats » pour galber ses fessiers. Un pied devant l'autre, on porte son poids du corps sur la jambe arrière en mettant le genou au ras du sol puis on revient à la position de départ en inspirant. Réalisez 10 mouvements et changez de jambe. Cet exercice peut être réalisé avec ou sans haltères. Les sportifs peuvent l'exécuter en faisant de grands pas et en posant le genou au sol.

L'avis du médecin

L'oignon participe au succès du régime crétois. En effet, il contient des nutriments protecteurs, notamment du sélénium qui permet aux cellules de lutter contre le vieillissement et de la vitamine E qui lubrifie notre peau. Associé au persil qui apporte de la vitamine C et du bêta-carotène (provitamine A), il aide à rester jeune. Cette recette est donc l'amie de votre beauté et de votre minceur : 35 g de protéines et 600 calories par personne.

Spaghetti aux émincés de veau et courgettes

Préparation	10 minutes
Cuisson	20 minutes
Vaisselle	15 minutes

600 calories par portion

Pour 6 personnes

- 500 g de *spaghetti*
- 800 g de noix de veau
- 6 petites courgettes
- 1 gousse d'ail
- 1 brin de romarin
- 1 c. à café de paprika moulu
- 1 c. à soupe d'huile d'olive
- 2 c. à café de gros sel gris
- Sel
- Poivre

Lavez les courgettes, coupez-les en rondelles moyennes. Lavez et épongez le romarin. Pelez l'ail, enlevez le germe, écrasez la gousse du plat d'un couteau. Salez et poivrez le veau. Coupez-le en morceaux et roulez les morceaux dans le paprika.

Faites chauffer l'huile d'olive dans une cocotte, versez les courgettes, salez et poivrez. Laissez dorer sur feu vif pendant 1 minute.

Ajoutez le veau aux courgettes, remuez puis versez l'ail et le romarin. Couvrez et laissez cuire doucement 15 minutes.

Mettez de l'eau sur le feu. Dès l'ébullition, salez au gros sel. Versez les pâtes et laissez bouillonner le temps de cuire les pâtes *al dente*.

Retirez le veau de la cocotte et coupez-le en lamelles en laissant réduire la sauce à découvert. Enlevez le romarin de la sauce et ajoutez le veau. Réservez au chaud.

Égouttez les pâtes. Versez-les dans la cocotte, remuez et servez aussitôt.

Un peu de gym en cuisine

Pendant que vous réduisez la sauce, portez vos bras devant vous, paumes ouvertes devant le visage. Puis écartez les coudes pour placer vos avant-bras parallèles au sol et revenez à la position de départ en soufflant. Répété souvent, cet exercice détend et sollicite les pectoraux en douceur. Il peut se réaliser assis devant un ordinateur.

L'avis du médecin

La blancheur de la viande de veau provient de l'alimentation lactée. Quand le veau mange de l'herbe, sa viande est moins blanche. Jeune, elle est excellente sur le plan nutritionnel. Maigre, elle apporte en moyenne 10 % de graisses et environ 180 calories pour 100 g, les abats fournissant environ 5 % de lipides. Bien que ce ne soit pas une viande rouge, elle est riche en fer, protéines et vitamines B. Veau et romarin forment un parfait accord gastronomique dans une recette parfaite pour un régime : 600 calories et 35 g de protéines par personne.

Gratin de gnocchi au gingembre et à la tomate

Préparation		15 minutes
Cuisson		30 minutes
Vaisselle		15 minutes

600 calories par portion

Pour 6 personnes

500 g de *gnocchi*
800 g de noix de veau en morceaux
1 kg de tomates
6 tomates séchées
3 oignons
3 gousses d'ail
50 g de parmesan râpé
1 bouquet garni
1 c. à café de gingembre en poudre
1 c. à soupe d'huile d'olive
2 c. à café de gros sel gris
Sel
Poivre
Muscade

Pelez les oignons, émincez-les. Pelez les gousses d'ail, enlevez le germe, écrasez les gousses du plat d'un couteau. Rincez et épongez les tomates séchées.

Rincez les tomates dans une passoire, coupez-les en deux et ôtez les pépins avec une petite cuillère. Salez l'intérieur et laissez-les s'égoutter.

Versez l'huile d'olive dans une cocotte. Quand elle est chaude, faites blondir l'oignon. Ajoutez les tomates fraîches et le bouquet garni.

Laissez cuire à découvert 5 minutes.

Ajoutez le veau, le gingembre et les tomates séchées. Salez, poivrez, muscadez.

Poursuivez la cuisson pendant 15 minutes.

Mettez de l'eau sur le feu. Dès l'ébullition, salez au gros sel. Versez les pâtes et laissez bouillonner le temps de cuire les pâtes *al dente*.

Allumez le gril. Égouttez les pâtes. Versez-les dans un plat à gratin avec la sauce dessus. Parsemez de parmesan râpé et passez 2 minutes sous le gril.

Un peu de gym en cuisine

Allongez vos bras devant votre visage et ouvrez-les dans le prolongement des épaules en inspirant. Recommencez plusieurs fois en rythmant les exercices sur votre respiration. Vous pouvez faire ces mouvements en travaillant, ils maintiennent la musculature dorsale en bon état.

L'avis du médecin

Le gingembre est réputé aphrodisiaque ; on l'emploie aussi en cosmétique car il contient de l'acide panaxique, du glucoside Panax Villon, des vitamines B1 et B2 et du panacène. Cette recette est équilibrée et, de plus, favorable à la beauté : 600 calories et 40 g de protéines par personne.

Casareccia au filet de porc et émincés de poireaux

Préparation		15 minutes
Cuisson		30 minutes
Vaisselle		20 minutes

600 calories par portion

Pour 6 personnes

500 g de *casareccia*
800 g de filet de porc
100 g de tomme fraîche
1 kg de poireaux
1 oignon
1 gousse d'ail
2 feuilles de sauge
1 c. à soupe d'huile d'olive
2 c. à café de gros sel gris
Muscade
Sel
Poivre

Coupez un peu de vert et le trognon des poireaux, lavez-les soigneusement en écartant leurs feuilles pour bien déloger la terre et émincez-les. Lavez et épongez la sauge. Coupez et émincez l'oignon. Pelez l'ail, ôtez le germe et écrasez la gousse du plat d'un couteau.

Dégraissez bien le filet de porc et coupez-le en lamelles, râpez un peu de muscade dessus, salez et poivrez. Mettez la sauge dedans.

Faites chauffer l'huile dans une cocotte, versez l'oignon et les poireaux, salez et poivrez. Laissez à découvert 5 minutes. Couvrez et poursuivez la cuisson 10 minutes sur feu doux.

Mettez de l'eau sur le feu. Dès l'ébullition, salez au gros sel. Versez les pâtes et laissez bouillonner le temps de cuire les pâtes *al dente*.

Ajoutez le porc aux poireaux et poursuivez la cuisson 10 minutes.

Égouttez les pâtes.

Retirez la sauge de la cocotte, ajoutez le fromage pour lier la sauce. Versez les pâtes dedans, remuez et servez aussitôt.

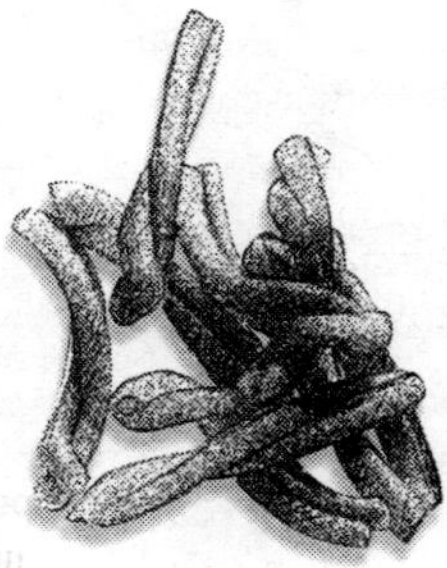

Un peu de gym en cuisine

Pendant la cuisson du porc, réalisez quelques mouvements de gymnastique chinoise. Les genoux légèrement fléchis, le corps souple et décontracté, passez d'un appui sur l'autre. Imaginez que vous êtes un oiseau qui déploie ses ailes, un héron qui guette une proie en ajoutant des mouvements de bras. Cette danse rituelle autour de votre centre de gravité apporte de la détente : c'est le taï chi chuan.

L'avis du médecin

Le porc est une viande grasse, mais notre recette est légère car elle supprime la plupart des graisses et associe la viande avec un légume drainant par excellence, en l'occurrence le poireau, et une herbe purifiante, la sauge, dont le nom est issu du latin *salvare* qui signifie sauver. Malgré le porc, cette recette peut être intégrée dans un régime : 600 calories et 35 g de protéines par personne.

Bibliographie

BLACKWELL A., *Biodisponibilté des glucides des aliments*, Paris, 1996.

BOURRE J.-M., *La Diététique du cerveau,* coll. « Opus », Paris, Odile Jacob, 1995 ; *La Diététique de la performance, intelligence, mémoire, sexualité,* coll. « Opus », Paris, Odile Jacob, 1997 ; *Les Aliments de l'intelligence et du plaisir,* Paris, Odile Jacob, 2001.

BRAUDEL F., *Civilisation matérielle, économie et capitalisme,* t. 1, Paris, Colin, 1979.

BRILLAT-SAVARIN A., *Physiologie du goût,* Paris, 1839.

CAMPEROSI P., *La Terre et la Lune,* Paris, Aubier, 1993.

CURTAY J.-P., *La Nutrithérapie*, Paris, éditions Boiron, 2000.

CURTAY J.-P., LYON J., *Encyclopédie pratique des vitamines, des sels minéraux et des oligo-éléments,* Paris, Hachette, 1996.

CHONG E., *L'Héritage de la cuisine chinoise,* Paris, Hachette, 1994

DESSEREY C., *Cuisine vénitienne,* Paris, Abbeville, 1995.

DONATI S., *Les Pâtes,* Paris, Larousse, 1999.

DOROSZ P., *Table des calories*, Paris, Maloine, 2000.

DUFTY W., *Le Roman noir du sucre blanc*, Paris, Trédaniel, 1985.

FISCHLER C., *L'Homnivore,* Paris, Odile Jacob, 1990.

FLANDRIN J.-L., MONTANARI M., *Histoire de l'alimentation,* Fayard, 1996.

FRÉNOT M., VIERLING É., *Biochimie des aliments, diététique du sujet bien portant,* Paris, Doin, 1997.

FRICKER J., LATY D., *Le Régime crétois. Bienfaits et délices du régime crétois,* Paris, Hachette, 2000.

GRILLOT M.-F., *Les Pâtes, de l'épi à l'assiette,* Paris, Frison-Roche, 1998.

JUNG É., *Le Grand Guide des pâtes*, Paris, Hachette, 1996.

LÉVI-STRAUSS C., *Du miel aux cendres*, Paris, Plon, 1966.

MALLET J.-B., *Maigrir : la consultation d'un généraliste,* Paris, Robert Laffont, 1988 ; *Système D comme diététique,* Paris, Robert Laffont, 1990.

DE MEDICI L., *Les Pâtes*, Paris, Hachette, 1995.

MONTANARI M., *La Faim et l'abondance,* Paris, Seuil, 1995.

PALOMBI D., *La medicina dei simplici*, Pavie, Totchio De'Ricci, 2000.

NATHAN P., *Se soigner par l'alimentation,* Paris, Odile Jacob, 2000.

NÈGRE B., *L'Alimentation risque majeur,* Paris, Ellipses, 1990.

RANDOIN L., *Tables de composition des aliments,* Lanore, Paris, 1985.

REY A. (sous la direction de), *Dictionnaire historique de la langue française,* Paris, Robert, 1992, 2e éd.

NUGON-BAUDON L., *Toxic-bouffe. Enquête sur les aliments d'aujourd'hui,* Paris, Lattès, 1994.

RENAUD S., *Le Régime santé,* Paris, Odile Jacob, 1998.

SEGRÉ A., *Dynamique de la consommation et du système agroalimentaire italien,* Paris, CIHEAM, 1990.

SERVENTI S., SABBAN F., *Les Pâtes*, Paris, Actes Sud, 2001.

SINSHEIMER P., *Les Pâtes du terroir italien,* Genève, Minerva, 1999.

WELLS P., *Trattoria,* Paris, Lattès, 1995.

SOMER É., *Nutrition for women,* New York, Henry Holt et Compagny, 1993.

VIERLING É., *Aliments et boissons, technologies et aspects réglementaires,* Paris, Doin, 1998 ; *Aliments et boissons, filières et produits,* Paris, Doin, 1999.

Ouvrages collectifs sous la direction de…

APFELDORFER G., *Traité de l'alimentation du corps,* Paris, Flammarion, 1994.

APFELBAUM M.,., *Dictionnaire pratique de diététique et nutrition,* Paris, Masson, 1981 ; *Diététique et nutrition,* Paris, Masson, 1999, 5e éd.

MARTIN A., *Apports nutritionnels conseillés pour la population française,* Paris, Tec & Doc, 2001, 3e éd.

MESSING B., *Sucre et nutrition,* Paris, Doin, 1992.

VOLATIER J.-L., *Enquête INCA sur les consommations alimentaires*, Paris, Crédoc, 2000.

Ouvrages collectifs généraux

Barilla, cento anni di pubblicità e communicazione, Silvana Editiorale, Parme, 1994.

Baromètre santé, nutrition 1996, Comité français d'éducation pour la santé, Paris, CFES, 1997.

Biodisponibilité des glucides des aliments, Paris, 1996.

Les Glucides, Institut français de la nutrition, t. 1, Paris, 1999 ; t. 2, Paris, 2000.

Les Pâtes, Paris, Time-Life, 1996.

Les Pâtes, Paris, Nathan, 1997.

Les Protéines, Institut français de la nutrition, t. 1 et 2, Paris, 1997.

Index des recettes

Avocat

Boeuf

Brocoli

Brousse

Canard

Caille

Champignon

Crevette

Écrevisses

Encornets

Épinard

Escargots

Espadon

Feta

Poireau

Pois gourmands

Poivron rouge

Porc

Potiron

Poulet

Ricotta

Roquefort

Roquette

Saint-Jacques

Sardine

Saumon

Thon

Tofu

Table

CHAPITRE 2 : Côté santé

CHAPITRE 3 : Côté minceur

DEUXIÈME PARTIE :
LES RECETTES, L'ART DE CUISINER LES PÂTES

Ouvrage publié sous la responsabilité éditoriale
de Catherine Meyer

Dans la collection « Poches Pratique »

N° 1 : Dr Henri-Jean Aubin, Dr Patrick Dupont, Pr Gilbert Lagrue, *Comment arrêter de fumer ?*

N° 2 : Dr Serge Renaud, *Le Régime crétois : incroyable protecteur de notre santé*

N° 3 : Dr Dominique Petithory, *La Diététique de la longévité*

N° 4 : Dr Anne de Kervasdoué, *Les Troubles des règles*

N° 5 : Dr Philippe Brenot, Dr Suzanne Képes, *Relaxation et Sexualité*

N° 6 : Dr Jean-Philippe Zermati, *Maigrir sans régime*

N° 7 : Dominique Laty, Dr Jean-Bernard Mallet, *Le Régime des pâtes*

N° 8 : Dr Martine Ohresser, *Bourdonnements et sifflements d'oreille*

N° 9 : Dr Bernard Fleury, Dr Chantal Hausser-Hauw, Marie-Frédérique Bacqué, *Comment ne plus ronfler*

N° 10 : Dr Denis Vincent, Dr Lucile Bensignor-Clavel, *Rhume des foins et allergies*

N° 11 : Dr Vincent Boggio, *Que faire ? Mon enfant est trop gros*

Cet ouvrage a été transcodé et mis en pages
chez Nord Compo (Villeneuve-d'Ascq)

Impression réalisée sur Presse Offset par

BRODARD & TAUPIN

GROUPE CPI

La Flèche (Sarthe), le 30-03-2004

N° d'impression : 23355
N° d'édition : 7381-1473-X
Dépôt légal : avril 2004

Imprimé en France